吴地拾光
异国客笔下的苏州行

编译 / 徐苏君

苏州大学出版社

图书在版编目(CIP)数据

吴地拾光：异国客笔下的苏州行 / 徐苏君编译.
苏州：苏州大学出版社,2024.12. -- ISBN 978-7
-5672-5057-4

Ⅰ.K295.33

中国国家版本馆CIP数据核字第2025KB2470号

WuDi ShiGuang:YiGuoKe BiXia de SuZhouXing

书　　　名：吴　地　拾　光：异　国　客　笔　下　的　苏　州　行
编　　译：徐苏君
责任编辑：倪浩文
装帧设计：刘　俊
出版发行：苏州大学出版社(Soochow University Press)
社　　　址：苏州市十梓街1号　　邮编：215006
印　　　刷：苏州越洋印刷有限公司
邮购热线：0512-67480030
销售热线：0512-67481020
开　　　本：710 mm×1 000 mm　1/16　印张：9　字数：130千
版　　　次：2024年12月第1版
印　　　次：2024年12月第1次印刷
书　　　号：ISBN 978-7-5672-5057-4
定　　　价：48.00元

若有印装错误,本社负责调换
苏州大学出版社营销部　电话：0512-67481020
苏州大学出版社网址　http://www.sudapress.com
苏州大学出版社邮箱　sdcbs@suda.edu.cn

此君知苏

13世纪,意大利的探险家马可·波罗抵达中国,回到意大利后创作了《马可·波罗游记》。在这部作品中,作者对苏州的风光表达了极高的赞赏,并赋予苏州"东方威尼斯"的美誉。苏州因此声名远扬,享誉世界。鸦片战争爆发后,中国的门户被迫向列强开放,越来越多的外籍人士前往苏州等通商口岸城市。这些外籍人士在中国居住、工作、思考和体验,留下了大量翔实且主题多样的文献记录,对历史和民俗等领域的研究具有一定的价值。

"罗马非一日之功。"正是这些文字历经岁月的沉淀,流传至今,经过徐苏君的精心整理和筛选,汇聚成册,编译为《吴地拾光:异国客笔下的苏州行》。

我与徐苏君相识多年,她有家学渊源,自幼受到父亲的熏陶,少年时期便展现出对苏州历史文化的浓厚兴趣，青年时期致力于苏州文化的保护与研究，现在担任苏州市文物保护管理所副所长之职。

鄙人在苏州博物馆下属的古籍图书馆工作，对古籍、档案等有所涉猎。苏州文化底蕴深厚，历代名人辈出，留下的书籍汗牛充栋。从《越绝书》《吴越春秋》，到《吴地记》《吴郡图经续记》《吴郡志》《姑苏志》，再到《吴门表隐》《清嘉录》《桐桥倚棹录》等，数量庞大。然而，从外国人的视角审视苏州，相关资料极为稀缺，本书恰好填补了这一领域的空白。

值此书付印之际，我谨撰此文，以表达对徐苏君致力于研究苏州、推广苏州的敬意。此为序言。

朱晋詠
甲辰孟夏

（朱晋詠，文博副研究馆员，苏州博物馆古籍图书馆副主任）

编译说明

一、本书选译内容以涉及苏州者为主,其余枝蔓不译。

二、为便于读者阅读,以意译为主,不强求每词对应。

三、不同作者对同一事物的记述多有出入,度量衡(如"里",中、日在不同时期的换算标准都不一样)、人名、地名等皆不统一,事实差错、夸张描写的比比皆是,诗文与国内流行版本的不同处也颇多,为便于读者了解原作者对中国认知的深浅、偏正,虽错不改,以立此存照。不能确定以何种度量衡表述时,原则上也不硬作括注。

四、本书收录内容,主要反映外国人对苏州的主观看法,纯粹出于保留史料以供学术研究之目的。不代表本出版社、本作者认可原作者的政治立场及言行。如部分内容恰可作为当时日本难以掩饰的侵华野心的直接证据,在文化史、国际关系史、抗日战争史等研究领域具有不可忽视的价值。请读者阅读时注意甄别。

目录

苏州概说	《教务杂志》	001
从天堂到天堂	香川悦次《中国旅行便览》	010
抵达苏州的大运河	中村直吉、押川春浪《亚细亚大陆行》	014
苏州的历史遗迹与自然山水	正木贞二郎《外国的名胜》	016
苏州的特产	河东碧梧桐《中国游踪》	018
宛如重返故里	松田义雄《前往祖先之岛：锡伦纪行》	020
朝圣苏州	关清拙《达摩的足迹：禅僧的中国朝圣》	022
江南名胜及诗钞	池田桃川《江南名胜史迹》	024
苏州见闻	哈罗德·师克明《环绕上海》	053
苏州之旅	日本国画创作协会《欧洲艺术巡礼纪行》	060
苏州古迹探寻之旅	那波利贞《燕吴载笔》	062
游苏记	桥本关雪《关雪随笔》	064
骑驴游苏州	前田武四郎《中国之旅》	066
苏州佛寺游	迟塚丽水《新入蜀记》	072
苏州一日游	高山长幸《长江漫游日记》	075
列车思绪	东京高等商业学校、东亚俱乐部《中华三千哩》	079
雨中游览苏州	大屋德城《朝鲜中国巡礼行》	081
诗中之人	日本东京府立第一商业学校校友会《行走大陆》	086

001

寒山寺印象	佐藤恒二《最近华南瞥见》	088
漫步于运河之畔	吉野圭三《滞华漫录》	091
游览此地	中里介山《游于处々》	095
苏州佛教史迹	常盘大定《中国佛教史迹踏查记》	105
苏州城内外所见	大正写真工艺所《华中之展望》	113
苏杭杂观	泽村幸夫《江浙风物志》	118
初次邂逅苏州	石井柏亭《行旅》	124
苏州随笔	小林橘川《中国随笔》	127
漫步苏州	九条武子《无忧华》	131

后记 133

苏州概说

《教务杂志》

《教务杂志》由当时在上海的美华书馆于1888年刊行出版。该期内容中杜步西的文章是亮点。综合同时期杜步西涉及苏州的资料,如杜步西的《姑苏景志》等,内容较为雷同,次序有变化。

这里选译其中的部分段落。

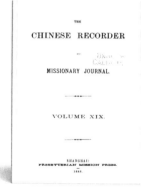

《教务杂志》(上)封面

❧ 它的位置 ❧

苏州坐落在长江和杭州湾之间的广袤平原中。它的东边一马平川,除了个别村落以外,几乎看不到树。东南方向是上百片湖泊,湖面两岸相距从一英里到三英里不等。这块地区很像列岛地形,我们很难断言到底是以陆地为主还是以湖泊为主。

西边群山连绵，从城墙和城中的高塔眺望，风景宜人。群山之后是太湖，这是一片湖径六十到八十英里的内陆之海。太湖里有岛屿，亦有山头。岛长二十英里。岛上覆盖着一片片杨梅、橙子、柠檬、桃子、杏子、李子以及石榴的繁茂林木。这片以实格葡萄（表面意为品质极佳的水果，很可能是枇杷）和桂花蜜的岛屿，当春季来临，花香袭人，真是如梦似幻。

城市紧邻帝国伟大的人造奇迹——壮丽的大运河。雄伟的石拱桥横跨其上。当挂有白帆的舢板和小船顺风顺水地航行时，河岸上的纤夫却正艰难地拖拉着大船逆流而上，这一幕分外感人。不久之后，沿着这精美的河道两岸，人们将听到火车的汽笛声——苏州即将成为铁路交通的枢纽。大运河的无数分支向四面八方延伸，正如中国船夫所言，它像一条蜈蚣。纵横交错的水道使得整个平原水路畅通无阻，商贸往来络绎不绝。

知 名

中国有句俗语，"上有天堂，下有苏杭"。旅行者们告诉我们，天朝十八省，无论到哪里，人们都说苏州是人间天堂。园林里的花一年开十个月，游船金光闪闪，精致的躺椅扛在挑夫的肩头，大街上人头攒动，男人身着绸缎和皮革，毕竟这里时装市场的主顾是男人而非女人。

文化中心

在这个热爱阅读的国度，苏州无疑占据着至高无上的地位。考试院（贡院）内聚集着自豪的学者，作家们勤奋笔耕，使得书店的书架上琳琅满目，诗人则为那些历史上著名的古迹吟诗作赋。苏州还是政治家的摇篮，许多影响帝国命运的重要人物都出自这里。令人惊讶的是，贵族的地位并非总是世袭的，它取决于个人在文化成就上的不懈追求，以期获得官方的认可。因此，通过个人的勤奋努力，一代代人向顶尖的社会地位迈进。尽管财富和奢华不会削弱上层人士的智慧，但儿子能够继承父亲的地位，仅仅是因为他具备了相应的资格。这是一种高尚的传承。苏州产出的状元数量超过中国任何一个其他城市，几乎每三年便有一位，"状元"的称号几乎成了苏州的代名词。当今的德国公使洪钧先生便是最近的一位状元。1874 年的一天，洪钧夫人骑马巡游街道，宛如皇后一般。全城出动，为她欢呼喝彩。

民情特点

这个城市相较于其他地方，赋予了女性更多的自由。中产之家的女性可以自由上街、经营大生意、巡视仓库，偶尔还会去园林中寻找乐趣。总体而言，大约有百分之五的苏州女性能够识字。苏州的美女享有盛名。

这个城市的居民骨子里就讲究礼貌。官僚们尽其所能，确保美国人的安全和宁静，他们被视为"外国客人"。那些学龄儿童受到良好的教育，他们的聪明才智就像阳光下的大马士革钢刀一样耀眼。啊！他们喜欢引用戏剧中的台词，反应敏捷，他们用连绵不断的语言交谈时，幽默感不断涌现。只有喜欢开玩笑的人才能与他们相处融洽。在大商户中，除了外地人和新入行的不计外，有九成的商户拥有完美的商业诚信。在商界，这是一个良好的声誉，以至于中国的其他地方都会说"在苏州做生意是件好事"。

语　言

官话是中国的语言。十八省里有十四省说官话，不说的四省都在长江以南。西部都讲官话。从北京到新疆也是官话的天下。在常州，距离苏州六十英里的地方，说官话会掺杂方言。可一到苏州，形势立变，硬邦邦的北调成了软语。人们讲话细声细气，发音像曲调。苏州方言里有招人关注的甜美，特别是女性说话的时候，让人没法不注意到。相对节拍很是规范的官话，苏州话说起来很快。说话的人不重字正音直而重腔圆句顺。官话用好了，不但让说的话更容易被人理解，而且还能减少话语里的其他瑕疵。全中国操苏州方言及其支系的人口，大约有一千万。

城 局

正如一个外地人在港口时曾说："啊！你住苏州吗？我听说那可是个精细的城市，肯定是个宜居的地方。"

在苏州，屋子通常被刷成黑色，屋子向里头一排一排推进，中间隔着小庭院，透入阳光和雨水。迎面是几个小房间，作为入口和门房。往里是接待厅，厅里柱子粗大，支撑着沉重的屋顶。厅前开着一长排的窗子。再往后的屋子里是卧室，楼上楼下，绝大部分都铺了方砖。店面前排全开，招牌匾额悬挂，大部分是金字招牌，让整条街看上去极富装饰感。

当地人平和的性格，从街上没有警察这一点就可以看得出来。而在芝加哥，就比苏州大个一两分，每年要在治安上花一百五十万美元。

东方威尼斯

环绕城墙，不里不外，是一道护城河，河水很深。清军从太平军手里夺回苏州的时候，这条护城河让攻城难度大增。城内，大体而言，南北六条水道，东西也是六条水道。水道相错，河里停泊着数以百计的快捷游船。游船漆色明亮，玻璃干净，雕栏玉砌。对于有心游山玩水的人而言，这些游船就是一栋栋小巧玲珑的宫殿。还有数以千计的乌篷船供人租用，用来运送谷物、燃油、建材、家具、水，等等，从城的一头送到另一头。从上百英里以外运来的货物可以送到家门口。当水位高、水又清的时候，一家人乘船而行真是一件乐事。

宝 塔

虎丘塔造在阖闾墓边上。据史料记载，为了阖闾修墓和下葬，动用人力六十万。这座塔是苏州的斜塔，明显不与地平线垂直。什么时候斜的也无迹可查。在这个小山丘上，人们可以一览苏州城的风光。往远处看，可以看到东南角七英里处的郊县。"虎丘"的名字源于一个故事，说阖闾死后三天，人们看见一只白虎趴在墓地边上，"虎丘"由此得名。虎丘上的池子，名叫"剑池"。传说秦始皇曾在这里洗剑，准备杀虎盗墓。剑池边上平坦的岩石叫"千人石"，因为人们认为上面能站得下那么多人。边上就是点头石。据说，以前有那么一回，一位高僧在此说法，法论精妙，以至于让殿前一块石头都冲着他点起头来。

双塔，立在离贡院不远的地方，在有志于从文登科的人士心里，双塔分量颇重。它也是建筑之美的样板。老的说法，几个世纪前人们认为它风水不好，于是找来一个水平很高的风水师，风水师说："你不觉得这塔正像笔吗？岂能有笔而无墨？"结果就有了墨塔（文星阁），一栋高大的黑塔。

大塔（报恩寺塔）是苏州的骄傲，站近点注视它，这可是世上的奇观之一。数数塔层，看看外圈游廊，那么多扇门像是好多个鸽子洞。塔身呈八边形，由一层外墙和一层内墙构成，塔中套塔。台阶之间过渡平缓，绕墙一圈便能登上更高一层。每层楼的地面都铺设有地砖。九层塔每一层都设有八扇门，走廊交错，室内光线充足，和谐而美妙。登塔沿着游廊行走，城市尽收眼底，护龙街从城南通向孔庙，西北门熙熙攘攘，城隍庙的柱子林立。太湖位于西边，山峦和宝塔点缀着平原，每隔四分之一英里便有几处屋舍点缀。南望，可见吴江城的塔。沿着大运河向东望去，在阳光照耀下波光粼粼的水面上，目光最终停留在一处山丘——昆山上。从昆山山脚下出发，向东北方向行进三十英里便是常熟，那里有着十万居民。向大运河西北方向望去，三十英里处是惠山。那里是无锡，拥有十五万居民。

寺 庙

周王庙（玉器公所）位于西北门附近。上午时分，这里会出售猫眼石和玉石饰品。到处是噪声和忙碌，商贩们不断兜售，来访者视之为一种常规的杂乱无章。离南门不远的另一座庙宇，展示了地狱中的各种酷刑。

在这座庙宇附近，还有无梁殿，也称为"没有横梁的庙"。之所以这样称呼，是因为它采用了拱形结构，而没有采用木框架。其墙壁厚达十英尺，中心的穹顶非常美观。这栋建筑看起来像一座外国房屋，与传统的佛教建筑相比，它的设计具有防火功能。所有的檐口和装饰都是极其精美的。它与中国的其他建筑截然不同，很可能借鉴了"天堂之竹"（天竺）的建筑风格。最近的研究表明，无梁殿已有八百年的历史，周围的居民认为它由著名的工匠鲁班等所建造。一些僧侣则认为它可能建于传说中的五帝统治时期。

总体而言，在苏州城内，大约有一千名道士和两千名和尚，城墙内处处是宗教的痕迹。苏州城的南部是一片园地，被围墙环绕，内有被称为"孔庙"的建筑群。孔庙是龙头，直通城北的护龙街，即龙的身体，而大塔（报恩寺塔）则是龙尾。孔庙前是一片柏树林。一侧的大殿，在春节和秋节期间会吸引成千上万的文人前来祭拜。有一栋建筑专门用于屠宰。另一栋楼陈列着苏州城的石刻地图。第三栋楼内有石碑和星象图。第四栋楼是省图书馆。在巨大厅堂的每一侧都有房间，房间里摆放着五百名贤的牌位。主殿的尺寸约为五十英尺宽、七十英尺长，内有孔子的牌位和许多绘有金边的"子曰"，看上去非常壮观。在殿前的石头平台上建有一间茅草棚。在重大祭祀活动中，大官们就是在这里履行他们的祭祀职能的。一位来访者目睹了祭祀场所和那些古木，她感叹道："这是我在中国见过的最为庄重的地方。"在前头的门道上，智者（孔子）被誉为"万世师表"，"道冠古今"。

山 丘

在这片广袤的平原上，有哪些引人注目的山丘呢？狮子山便是其中之一。从北侧望去，它宛如一只栩栩如生的狮子，静静地匍匐在大地之上。

范坟山（天平山），这里有着苏州杰出政治家和历史学家的墓地，也是野餐的理想场所。首先乘坐快艇抵达运河的一端，接着可以选择步行或乘坐轿子上山。穿过一条隧道，再下行至一片小树林，随后攀登一段陡峭的山路，路旁是座美丽的庙宇。穿过两侧布满巨石的小径，直至一块碣石。在这里，游客眼前会展现出一片迷人的湖光山色。然后，继续向山顶进发。

巫师山（上方山）的山顶矗立着一座宝塔，位于城西南方向的石头湖畔，是远足的绝佳选择。湖畔的鱼塘在阳光的照耀下，映射出岸边柳树的倒影。

慈善机构

此地的慈善机构分为五类。一是弃婴收容所，其中一所收容了四百名被贫困家庭遗弃的孩子。这些收容所通过收费来维持运营，里面的儿童通常受到良好的照顾。二是女性老人院。三是老人院（普济堂），占地数英亩，靠近虎丘塔。每天供应老人一餐。四是救济品分发总站，那里分发来自富裕家庭与慈善社团的衣物和食物，以帮助穷人度过冬天。五是免费学校，其中一所位于养育巷，开设六个年级的课程，是一所运营良好的地方学校。

地　图

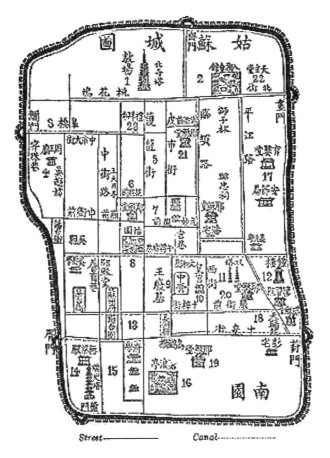

《教务杂志》（下）中的苏州插图

1. 大塔（报恩寺塔）。2. Manchu 园林（拙政园）。3. 大街（西中市）。4. 玉器公所（周王庙）。5. 护龙街（人民路）。6. 家具街。7. 城隍庙。8. 园林（怡园）。9. 兵营。10. 皇宫（万寿宫）。11. 双塔。12. 墨塔（文星阁）。13. 政府衙门（苏州巡抚衙门）。14. 无梁殿。15. 孔庙（文庙）。16. 皇家园林（沧浪亭）。17. 救济所。18. 卫理公会代表处。19. 美国长老会（北）。20、21. 南方长老会。22. 天主教教堂。23. 穆罕默德清真寺。

从天堂到天堂

香川悦次《中国旅行便览》

香川悦次所著的《中国旅行便览》，于1906年由东京博文馆出版发行。在这部作品中，香川对中国进行了深入而全面的考察，关于苏州的描述尤为详细，主要集中在第七编"旅行日记"部分。

这里选择该书的部分内容。

从杭州到苏州

当天下午五时，我搭乘由杭州启程的大东轮船前往苏州。在这次旅途中，我作为唯一的日本籍人士，若非入住官舱，便须与众多中国人共处一室。因此，近藤先生特意为我安排了一间单人舱室。然而，该单人舱室四周由木板围成，空间极为狭

《中国旅行便览》插图：宝带桥

《中国旅行便览》插图：苏州城墙外景色

促，以至于我连腿都无法完全伸展，起身亦颇感不便，宛如置身于一个密室。船只行驶的沿途，尽是辽阔的平原。

　　…………

　　早餐时分，享用了半熟的鸡蛋、红茶以及面包。中午时分，抵达了苏州吴桥（注：可能为吴门桥）。当天，畅饮之后，得以安稳地休息了一整夜。

次日，天气依旧晴朗。我参观了孔庙、虎丘、寒山寺等名胜古迹。孔庙的大殿宏伟壮观，但院内杂草丛生，鲜有人迹。一条石径曲折延伸，引导着访客从门口步入庙堂深处。

虎丘位于苏州城西北方向三十多町的地方。在这片田野之中，孤零零地矗立着一座小丘，却因埋葬着吴王阖闾而闻名遐迩。秦始皇东巡时，曾登上此丘，见到阖闾墓上有一只白虎，便拔剑欲斩之，却未击中，剑落于石上，将石头劈成两半，因而此地得名"虎丘"。

登上虎丘，可将苏州城及其周边的美景一览无余，竹林、树木、草地郁郁葱葱，绿荫遮天蔽日，江南的富饶与生机尽显无遗。

在苏州，宝带桥的雄伟景象令我深感震撼。这座桥梁横跨运河与澹台湖，是拥有五十三个桥孔的石桥之冠。从远处眺望，宝带桥宛如龙蛇戏水，自然天成，充分展现了其匠心独具的巧妙设计。宝带桥的建设始于唐代元和十一年至十四年（816—819），由当时的苏州刺史王仲舒主导。为了筹集建桥资金，王仲舒率先捐出了自己的宝带，因此桥得名"宝带桥"。据《大清一统志》记载，宝带桥长一千二百丈，虽然这一记载有所夸大，但桥的实际长度确实达到了四五町。

第三日，天气晴朗。我与在苏州师范学校担任教职的一位先生约定前往灵岩山。我们租赁了一艘画舫，于上午九时从吴门桥下启程，沿着胥塘水路向西南方向航行。经过大约四小时的水路颠簸，我们最终抵达木渎镇。将小船系泊于柳树的荫蔽之下，我们登上岸边，穿过绿树成荫的小径，行进约三町的距离，便来到了灵岩山西麓。山道宽约四尺，铺设有瓦片，但山路湿滑，行走颇为艰难。

灵岩山，亦称"砚石山"，以其怪石嶙峋、巨岩嵯峨、奇姿横生而著称。山势或似孤峰耸立的秀崖，或似断桥残垣，或如裂开的衣襟，或似百鬼蹲伏、寒僧诵咒。古人云，峻峭嶙峋之山往往为大山，灵岩山的景象似乎印证了这一说法。山中有一座名为灵岩寺的寺庙，出寺门后稍作攀登，便可见两池，一为圆形，一为八角形。池宽超过一丈，水质清澈，藻荇交错。有僧侣声称此水与太湖相连，然而依据太湖的地理位置及形成原理，此说法缺乏科学依据。继续向上攀登，抵达山顶，可见传说中绝世美人西施弹奏过的琴台，上有"琴台"二字石刻，其真实性尚待考证。从山顶俯瞰，西面太湖波光粼粼，湖中岛屿错落有致，宛如汪洋大海。灵岩山东北方向，天平山蜿蜒起伏，宛如一条巨龙。向南眺望，连绵的山峰在云雾中若隐若现，宛如仙境。近处观之，绿荫如盖，苍翠欲滴，令人心旷神怡。我在下午四时下山，乘小船返回城中。

第四日，天气阴雨绵绵。直至正午时分，雨势未曾减弱，窗外的景致显得格外孤寂。酒后，我小憩片刻。

下午四时，我从苏州乘船再度启程前往上海。原本计划乘船沿长江前往镇江，但语言障碍带来的困扰让我备感艰难，漫步于街头巷尾，即便是日常的购物活动也变得异常艰难。短短几天内，种种不便与苦涩的经历接踵而至，因此，我不得不放弃前往镇江的计划。

在苏州，有一家日本人经营的旅馆，虽设施简陋，却也别具一格。苏州，得益于三江五湖的地理优势，作为江东地区的重要都市，据《地理志》记载，该地"川泽沃衍，有海陆之饶"，交通极为便利。同时，据宋史记载，自宋朝起，苏州凭借其优越的地理位置和繁荣的经济活动，成为商品交流、文化交流及产业发展的重要枢纽之一。因此，可以理解当地民风民俗的富庶与奢华。

第五日，天气晴朗。清晨返回上海，雇佣了一辆车，再次前往丰阳馆。三十一日、一日及二日均在上海度过。

吴地拾光：异国客笔下的苏州行

抵达苏州的大运河

中村直吉、押川春浪《亚细亚大陆行》

《亚细亚大陆行》由东京博文馆出版发行。该书由中村直吉（一位周游五大洲的探险家）与押川春浪（《冒险世界》杂志主编）共同撰写。

这里选译该书第一卷的部分内容。

苏 州

翌日下午五时，我们再次乘坐大东汽船会社的船只，告别杭州，启程前往风景如画的苏州。船只缓缓离开拱宸桥码头，沿途经过武林渡、东苕溪、菱湖等地，最终驶入浙江省湖州府乌程县管辖的南浔古镇。南浔古镇坐落于京杭大运河两条支流的交汇点。随后，船只离开南浔，穿越震泽，越过福安桥等后转向北方，经过吴江、三里桥、香村、杨家桥等地，苏州逐渐临近。我们得以目睹宝带桥的壮观景象，这座桥梁横跨大运河与澹台湖，因此亦被称作"桥门"。

1918

苏州的历史遗迹与自然山水

正木贞二郎《外国的名胜》

《外国的名胜》封面

正木贞二郎《外国的名胜》，1918 年由日本科外教育丛书刊行会出版，其中有部分章节涉及苏州。

这里选译该书第 31 页以后的部分内容。

❖ 东方的威尼斯 ❖

苏州，作为江南地区的重要都会，毗邻长江与大运河，境内有太湖，水道交错，享有"东方威尼斯"的盛誉。该城被城墙环绕，市集繁华，居民人数约三十万。根据《马关条约》，苏州被开放为通商口岸，设有日本领事馆及租界。周边地区众多风景名胜吸引了大量游客。

虎丘山的风光

苏州西北处，横亘着一座因秀丽风光而著称的山丘——虎丘山。吴王阖闾的陵墓便坐落于该山。相传，吴王阖闾驾崩后，吴国动员五个郡县的十万民众参与挖掘墓穴。阖闾下葬三日后，似有白虎盘踞于墓上，因而此山得名"虎丘山"。

穿越虎丘山的山门，便抵达了观赏美景的绝佳地点——拥翠山庄。向西眺望，灵岩山、天平山、狮子山、上方山、阳山等吴郡的名山连绵起伏，呈现出平原地带独有的壮丽景象。

沿着石阶攀登至顶，尽头处便是千人石，千人石左侧可见剑池。站在虎丘的七重塔下，可将苏州平原的风光一览无余，包括城中的九重大塔（注：北寺塔）、双塔寺的双塔、瑞光寺的塔等。在更远处，太湖的水面波光粼粼。透过望远镜，甚至可以望见阳澄湖水天相接的景象。

灵岩山名胜

离开苏州府城，向西南方向前进。右侧可见黄山（注：横山）、狮子山，左侧则是上方山，几座山之间夹着一条小径，前方则是七子山，这样的道路被群山环抱的景致亦颇有趣味。从七子山向左行进，便能望见灵岩山上的古塔。沿着崎岖的山路攀登至山顶，灵岩寺仅余下基石。继续攀至最高点，向西南方向眺望，可见笔直的采香泾汇入太湖之中。太湖的水面与湛蓝的天空相接，水天一色。太湖周围的七十二峰，或高或低，环抱着太湖的水域，构成了一幅如诗如画的美景。

苏州的特产

河东碧梧桐《中国游踪》

河东碧梧桐所著《中国游踪》一书，由大阪屋号书店于1919年出版发行。该书部分章节详细描述了苏州的风土人情。

河东碧梧桐（1873—1937），日本爱媛县松山市人士，原名秉五郎，亦有如月、青桐、桐仙等别号。河东碧梧桐自六岁起便开始研读"四书五经"。他与高滨虚子并称为正冈子规门下的双璧，担任《新声》杂志俳句栏目的主选人。1897年，《杜鹃》杂志在松山创刊，河东碧梧桐负责其中的选句工作。河东碧梧桐及其对新倾向俳句的倡导，在近代俳句发展史上留下了深刻的印记。其著作包括《碧梧桐俳句集》和《新倾向派俳句的研究》。

这里选译《中国游踪》第291等处的内容。

杭州，以西湖为地理核心，自然环境得天独厚，山清水秀，拥有深受中华儿女喜爱的宁静与雅致景致。相较之下，苏州似乎缺乏杭州那般雄伟的山川与湖泊。因此，日本人对苏州的了解，并非源自其作为中国著名旅游胜地或华南地区知名景点的声誉。通常，我们对苏州的认知，要么源于其历史上众多的先贤，要么是因为这里盛产美女。

宛如重返故里

松田义雄《前往祖先之岛：锡伦纪行》

《前往祖先之岛：锡伦纪行》封面

松田义雄所著的《前往祖先之岛：锡伦纪行》，于1919年由白家堂书房正式出版，书中部分章节详细描述了苏州的风土人情。

这里选译该书第26页起的部分内容。

六月二十五日清晨，我早早起床，乘坐马车抵达沪宁铁路上海车站，并登上了早晨七点三十分的急行列车，向西行进五十四英里，前往苏州。列车上每隔三十分钟便会提供一次热毛巾，每次收费一钱，这或许是他们采取的一种消毒措施。沿途水田众多，由于农家的房屋与景致相似，给我带来了些许身在故乡的错觉。沿途可见狮子牙粉、朝日啤酒等广告。尽管种植的都是稻谷，但苏州大米以其优良品质闻名遐迩，据说古时曾是朝廷专用的贡米。灌溉用的翻车、龙骨车连接着水箱，通过叶片的旋转为稻田提供水源。水牛被蒙上眼睛，不断绕圈耕地，而牧童则吟唱童谣，挥鞭驱赶。湖沼与河流交错，水路交通发达，南来北往的船只与马车络绎不绝。河上的桥梁多为石造，中间高耸，略带弧度，呈钝角形。岸边垂柳依依，柳下有驴。

芦荻尽头，首先映入眼帘的是北寺的九层宝塔。九点三十分，我抵达苏州车站。在上海时，我已通过电报预订了旅馆，并有旅馆派来的车夫在车站外等候。旅馆的马车首先前往的是盛宣怀的别墅留园。留园由于是私产，因此得以保留。参观费用为二十钱，所得用于维护和修缮。留园虽小，步行仅千步左右，却拥有茶馆（餐宴馆）、茶园（余兴舞台）、客房、厢房、小亭子等设施，错落有致。其间点缀着重叠起伏的怪岩奇石，多为太湖石，形态各异，似龙如虎。莲池竹林间的小径蜿蜒曲折，有时仿佛行走在栈道之上，有时又似在峡谷间穿行。园内家具皆价值不菲，檀木桌椅镶嵌大理石，四角的象眼则配有银饰。

1919

朝圣苏州

关清拙《达摩的足迹：禅僧的中国朝圣》

关清拙所著的《达摩的足迹：禅僧的中国朝圣》，于1919年由二松堂书店正式出版。
这里选译该书第222页起的部分内容。

我与健光师父及千叶先生一同三人沿着沪宁线前往苏州，并计划返程时乘船。我们于早上七点五十分从上海启程，上午十点十分抵达苏州。同乡非常热情地为我们安排了住宿，并且为我们雇用了驴子。

我们下榻于苏州最优质的惠中旅馆。翻阅苏州导游集，一位生于苏州、长于广东的中国人描述苏州"上有天堂，下有苏杭"，盛赞苏州宛若天堂。

春秋时期，吴王阖闾命人修建的城墙共设有八个水陆城门，据传城墙向西延伸至浒墅关。秦代时，该地被称为会稽郡，隋朝时期更名为"苏州"。苏州是一座拥有两千多年历史的大都市，据称人口曾达到五十万，主要物产包括米、绢丝和织物。蚕茧的年交易额可达到三百万两以上。

　　现今苏州的城墙是康熙年间改建的。前几年许多苏州民众纷纷逃往上海避难，导致苏州城一度陷入荒凉。尽管苏州目前正逐步复苏。

江南名胜及诗钞

池田桃川《江南名胜史迹》

池田桃川所著的《江南名胜史迹》一书，由上海日本堂书店于1921年出版发行。池田桃川，作为当时上海文学同志会的成员以及日本《读卖新闻》的上海特派记者，对苏州古迹进行了深入细致的考察。尽管书中所附图片数量不多，但所选之图皆颇具代表性。

这里选译该书的部分内容。

作者踏勘途中

旅　行

【路　途】

　　陆　路：乘坐快速列车，自上海出发约两小时，自南京出发约五小时，即可抵达苏州火车站。

水　路：自上海出发，旅客可搭乘戴生昌轮船公司提供的小汽船牵引的民用船只，沿苏州河逆流而上，享受一夜的水路旅程。当然，若期望体验更为奢华的旅行方式，租借一艘游艇亦是佳选。

【交　通】

游览苏州时，游客可以选择骑驴、乘坐轿子或乘船。若仅限于城外区域游览，乘坐马车亦是一种选择。鉴于城内街道狭窄且多拱桥，乘坐轿子或骑马成为更为适宜的交通方式。

马　车：从苏州车站至阊门大约要四十分钟，至胥门或盘门约要支付两美元，至海关则要四美元，日租费用大约在五至六美元。

人力车：从苏州车站至阊门大约要支付十美分，至胥门或盘门约要六十美分，至海关则要一美元。

驴　子：日租费用约为一元。

轿　子：日租费用约为一点五美元。

画　舫：日租费用约为一美元。

【旅　馆】

繁酒家（日本式旅馆，位于盘门外二马路，住宿费用介于一点五美元至五美元）。惟孟旅馆（欧式旅馆，坐落于火车站附近，住宿费用介于二美元至六美元）。惠中旅馆、苏台旅馆、利昌旅馆、苏州旅馆（均为中式旅馆，坐落于阊门外，住宿费用在一美元至三美元）。此外，无论是在城内还是在城外，均有众多价格合理的中式旅馆供旅客选择。

【餐饮店】

日本料理——繁酒家兼营。西洋料理——万年青（阊门外横马路）、一品香（阊门外大马路）。中国料理——九华楼（阊门外鸭蛋桥)、九华楼(阊门外石路)、义昌福(阊门外马路)、奎和祥(城内东大街)、西德福(城内中街路口)、天和祥(临顿路藐花桥)、三雅园(城内道前街)。上述餐饮店所提供的美食,价格亲民,一桌佳肴的价格五六美元至十五美元不等,让食客们在品尝美味的同时也能享受到物超所值的体验。

【特　产】

绢织物、紫檀工艺品、糖。

姑　苏

阖闾及其子夫差曾在此地盘踞,统领四方。吴王阖闾在讨伐越国时负伤薨逝,其子夫差继位后,为了铭记父仇,特地命人在庭院中站立,每当他进出之时,那人便会高声提醒:"大王夫差,您可曾忘却越王杀害先王之仇?"后来,夫差率军在夫椒大败越军,越王勾践率领残余士兵退守会稽山,并亲自到前线向全军将士谢罪,还请臣下一道出谋划策。吴王不顾伍子胥的谏言,执意听信太宰伯嚭之言,放过越国,并释放越王。越王勾践卧薪尝胆,时刻激励自己:"汝忘会稽之耻邪?"越王将国政悉数拜托给大夫文种,自己和范蠡一起练兵,废寝忘食地谋划一雪前耻。在此期间,夫差邂逅了绝世佳人西施,自此沉醉于温柔乡,忘却了身为君王的职责。他为西施建造了一座高三百丈的姑苏台(遗址坐落于灵岩山下,依山傍水,面朝浩渺太湖),日夜笙歌,不理朝政,将国家大事抛诸脑后。伍子胥曾向吴王夫差进谏,认为不应攻打齐国而应先消灭越国,他预言若不听从,不出数年,吴国将面临灭顶之灾,鹿豕将游于姑胥之台。然而,夫差未采纳其建议,反而听信太宰伯嚭的逸言,最终导致伍子胥被迫自刎。伍子胥临死之前对其家人说要将他的眼珠抠出来悬挂在吴国东大门,将来会看到越兵灭吴那一天。果不其然，越王勾践卧薪尝胆，十年生聚，十年教训，最终在三次关键战役中连续击败吴国，实现了对吴国的三战三胜。夫差逃到姑苏山上向越王求和，但范蠡阻止了越王的动摇之心。夫差不得已选择自尽，临死前说："吾何面以见子胥于地下？"自古以来，无论是东方的史册还是西方的传说，都不乏因红颜祸水而导致国家衰败的悲剧，然而在中国这片古老的土地上，却涌现出无数如伍子胥般的英雄豪杰，他们铁骨铮铮，不畏生死，誓死捍卫着国家的尊严与荣耀。尔来兴亡几春秋，当时的历史文物已经尽数遗失，只剩下荒凉的废墟，让人徒留怀古之情。

伍子胥，名员，本为楚国人士。由于其父兄惨遭楚平王杀害，遂流亡至吴国。伍子胥与吴王阖闾共同谋划国政，向西拓展了楚国的领土，向北对齐国、晋国施加了威慑，向南则使越人归顺。其后，阖闾与越王勾践发生激战，阖闾因伤势过重而亡。其子夫差继位后，成功击败越国。越国为了求和，派遣文种携带重金贿赂太宰伯嚭，伯嚭进而劝说夫差接受了越国的和解提议。然而，伍子胥的忠告并未得到夫差的重视。随后，夫差听信伯嚭的谗言，下令赐死伍子胥。吴国的民众为了缅怀伍子胥的功绩，在江边建立了祠堂。

府 城

苏州城的建设可追溯至春秋时期，由伍子胥在吴王阖闾的指令下所建。其时城池周长四十七里，仿效天之八风设立陆门八座，仿效地之八卦设立水门八座，展现了其宏伟壮观。历经各代的修缮与改造，至清康熙元年（1662），巡抚对城墙进行了大规模的改建，使其周长扩展至四十五里，高度达到二丈八尺，宽度为一丈八尺，女墙高度为八尺。城墙南北方向延伸三英里半，东西方向延伸两英里半。目前，苏州城共有六个城门。东侧设有娄门和葑门，西侧设有阊门和胥门，北侧有齐门，西南侧则有盘门。此外，还有五个水门连接城内外。

【阊　门】

昔日吴国意欲征服楚国，楚国位于西北方向，因此构筑了此门。同时，"阊"字蕴含着天地之气畅通无阻之意，象征着吴国的宏伟抱负。此外，此处亦是吴国军队征伐楚国时集结出发的地点，因此亦被尊称为"破楚门"，它目睹了无数英勇战士启程征战的辉煌瞬间。"阊"亦是古代神话中天宫之门的称谓。

【胥　门】

亦称"姑胥门"，胥门外蜿蜒着九曲之路。昔日，吴王阖闾建造此门，以便游览姑胥之台，眺望太湖，因此该门以"姑胥台"之名命名。另有一种说法，此门之所以名为胥门，是因为伍子胥被赐死之后，其眼珠被悬挂在该城门之上。

【盘　门】

此门因曾悬挂木制蟠龙以威慑越国而得名。同时，以其"水陆相半，沿洄屈曲"的地理特征而闻名。宝庆三年（1227）秋季，盘门遭受狂风暴雨侵袭后遭到破坏。绍定二年（1229），此门得以重建。为了抵御越国的侵犯，春申君特地开辟了蛇门。

【娄　门】

本号"疁门"，得名于娄江。

【匠　门】

亦称"干将门"。据史料记载，吴王阖闾曾命铸剑大师干将在该地设立熔炉，倾注心血锻造宝剑。而"匠"字，据传源自"将"字的音变，沿用至今。

【齐门】

在阖闾十年期间，吴国攻破齐国，齐国的公子派遣女儿作为人质前往吴国。齐国的公主日夜哀泣，因此患病。阖闾为了缓解她的思乡之情，特别建造了北门，并命名为"望齐门"，命她前往此门上游览。然而，公主的思念之情并未因此减轻，病情反而日益加重，最终不幸离世。阖闾按照她的遗愿，将她安葬在虞山之巅，以便她能够眺望齐国的方向。另有传说，齐景公因畏惧吴王的威势，将女儿许配给了吴国的太子波。齐国公主因思念故乡而心病难愈，吴王因此在面向齐国的方向建造了一个城门，这个城门因此得名"齐门"。

【平门】

昔日，伍子胥率领的平齐大军正是从这个城门出征，成功击败齐国后，胜利归来，亦是通过此门进入，因此得名"平门"。

市集（城市内外）

康熙二十三年（1684）十月二十六日，圣祖皇帝的御船抵达了距离苏州城稍远的浒墅关，苏州的百官在此恭候迎接。全城张灯结彩，热闹非凡。无论是楼阁之上、道路之旁，还是房屋的缝隙之间，都挤满了渴望一睹圣颜的民众，场面极为壮观，其繁荣景象不言而喻。然而，在咸丰、同治年间，苏州经历了十余年的战火洗礼，众多珍贵文物在战火中化为灰烬，昔日的繁华景象转瞬即逝，留下了一片荒凉。随后，苏州逐渐恢复了生机，如今交通四通八达，部分街市已经基本恢复了往日的繁华。城内的街市由上述的各个城门连通的大街作为主干道，其间众多大小街道和河道纵横交错，河道上遍布着石造的拱桥，桥面宽度窄的二到三间，宽的五到六间。据史料记载，苏州古城区有189座桥梁，每平方千米约有 15 座桥，而苏州全市现有城市桥梁总计 3681 座。这些数据与"姑苏三千六百桥，吴门三百九十桥"的描述相吻合，彰显了苏州作为"桥的王国"的独特魅力。自古以来，苏州的货物运输主要依靠河道漕运，即便是家庭搬迁也多借助小船进行，因此从城内的交通来看，水路并不像街道那样狭窄，反而显得更为宽阔自由。城内的阊门大街，繁华至极，钱庄、生丝批发店鳞次栉比；观前街上，丝织服装店、杂货铺、金银器店琳琅满目；卧龙街，则是古董文物店的聚集地，汇聚了无数珍宝。盘门内一带有官衙、学校、庭院等。商业街上，店铺林立，金色招牌在阳光下熠熠生辉，每一笔都透露着中国书法的韵味。行人络绎不绝，或坐轿而行，或骑驴徐行，这番独具中国特色的繁华喧嚣，令人无限感慨。

城外最繁华之处，当属阊门外，那里聚集了茶馆、餐饮店、旅馆、剧场以及游乐场等，形成了一条热闹非凡的街道。此地不仅有电灯公司为夜色增光添彩，还有物产陈列场，陈列着琳琅满目的商品，吸引着过往民众驻足观赏，人流如织，络绎不绝。城内，古色古香的纯中式房屋错落有致；城外，欧式风格的建筑物鳞次栉比，两者形成鲜明对比，构成了一道独特的风景线，令人叹为观止。

苏州，在中日甲午战争之后，根据《马关条约》的规定，与沙市、杭州、重庆一同开放为通商口岸。依据最新的人口普查数据，苏州的常住人口已达到约 1275 万人，相较于过去几十年的人口增长，苏州的人口结构也发生了显著变化。

❖ 水路交通 ❖

素有"水乡"美誉的苏州地区，水道纵横交错。东邻上海，西接太湖，北毗镇江，南界杭州，均可借助小蒸汽船或民用船只抵达。苏州与上海之间由苏州河相连，从苏州出发沿运河南下，途经平望镇后进入黄浦江，再通过松江即可抵达上海。小蒸汽船频繁往来，交通极为便利。苏州与镇江之间则由大运河贯通。大运河与沪宁铁路并行，苏州至镇江沿途还经过常州、无锡等城市。在涨水季节，乘坐小蒸汽船须经过太湖前往无锡。圣祖、高宗两位皇帝"南巡"时，便是沿着这条大运河航行的。苏州与杭州之间存在两条水路通道，从苏州出发沿运河南下至苏浙交界的平望镇后，一条路线是向西至南浔镇，经湖州府抵达杭州，另一条路线是继续向南至嘉兴，经石门镇到达杭州。这两条水路上均有小蒸汽船作为拖船的货运和客运船只，每日一班，高级舱位的费用为二美元五十美分。

城内的名胜古迹

【瑞光寺塔】

踏入盘门，向右转，穿过望塔桥，即可抵达瑞光寺塔。瑞光寺始建于三国时期吴赤乌四年（241）。至赤乌十年（247），孙权为表达对母亲的孝心，增建了瑞光寺塔。最初，瑞光寺被称作"普济院"。北宋元丰二年（1079），神宗皇帝邀请高僧圆照禅师在此地讲经，其间出现了白龟听禅、枯竹爆青、法鼓自鸣、塔放瑞光的"四大祥瑞"现象，因此，圆照禅师讲经之处被尊称为"四瑞堂"，这一名称沿用至今。北宋宣和年间，原本十三层的宝塔被改建为七层，并赐予"瑞光禅熙"匾额。瑞光塔的建造始于三国时期，为了迎接来自西域康居国的僧人性康而建。北宋景德元年（1004）至天圣八年（1030），该塔经历了重建，当时的佛寺被命名为"瑞光禅院"。此后，寺院经历了多次破坏与修复，塔在南宋淳熙，明洪武、永乐、天顺、嘉靖、崇祯，以及清康熙、乾隆、道光年间均进行了修缮。清咸丰十年（1860），寺院再次遭受战火破坏，仅塔幸存，同治十一年（1872）进行了维修。据传，后晋天福二年（937）重修时，曾获赐一枚能发出五色光芒的铜牌，置于塔顶。另有传说称"瑞光寺塔中燃灯一夜，太湖三日无鱼"。瑞光寺塔是苏州七大名塔之一，而瑞光寺目前已不复存在。

题瑞光寺

文徵明

名蓝开自赤乌年，钟梵连云尚宛然。
宝刹浮屠经劫在，法堂心印有灯传。
未论四瑞从前境，且结三生物外缘。
欲问司徒杲仁事，断碑零落草芊芊。

【开元寺无梁殿】

开元寺无梁殿，坐落于苏州市盘门内东大街11号，为开元寺现存的唯一古建筑。该殿始建于明万历四十六年（1618），原名"藏经阁"，由于采用磨砖嵌缝纵横拱券结构，未使用木构梁柱檩椽，因此得名"无梁殿"。开元寺初名"通玄寺"，系三国东吴赤乌年间孙权为乳母陈氏所建，后经历了多次重建与变迁。原址位于城北，即现今报恩寺所在地，于五代后唐同光三年（925）由钱氏迁至现址。寺左侧有藏经阁，亦称"无梁殿"，内无一根木制梁柱，全由石砖构成，中央的天井呈穹窿状，四壁雕刻有《梵网经》，内安放有一尊石佛，相传此石佛为晋代一渔夫从海中拾得。咸丰十年（1860），寺院遭毁，仅存无梁殿。同治十二年（1873），由寺僧量宽主持重修。

开元寺石钵

高 启

宝石当年琢帝青，浮波不渝木杯轻。

传灵已历乾陀国，乞食曾来舍卫城。
渔父得时初洗献，法王在日每擎行。
寺僧见客休频出，恐有藏龙此内惊。

【孔　庙】

苏州文庙，亦称"孔庙"，坐落于盘门内瑞光寺东侧，原为北宋名臣范仲淹于景祐二年(1035)所建的苏州府学。这座庙学合一的建筑群历经多次修缮，包括清朝同治七年（1868）的大规模重建，成为苏州乃至全国重要的文化遗产。正门处矗立着泮宫木牌坊，右侧为黉门，木牌坊内即为文庙的正门，东门处设有"德侔天地"坊，西门则悬挂着"道冠古今"牌匾。踏入孔庙，沿着青石铺砌的古道缓步前行，不久便抵达礼门与棂星门。礼门之西，凤池门静默守候；棂星门之东，龙门巍然耸立。两门遥相呼应，平日里供人通行，古朴中显露出庄重之感。穿过礼门，可见左侧内壁上刻有鹤竹篆书，再往里走，右手边是胡文昭公祠等，左侧则是乡贤祠及范公祠。越过泮桥即达仪门，门内侧展示有《平江图》碑，即苏州城地图，门前为左右两翼结构，左侧有九公祠、况公祠，右侧则有韦、白二公祠及省牲所。门正面为明伦堂，但此门通常不对外开放，因此需从省牲所的背后向左行进，方能抵达明伦堂。若向右行，则可到达戟门，戟门位于棂星门的正面，门下陈列着著名的《天文图》碑以及本庙重建碑等。戟门内，正殿大成殿庄严矗立，作为供奉孔子神位的核心建筑，大成殿与戟门相连，其两侧的长庑曾是科举考试的场所，见证了无数文官的成长历程。苏州文庙，作为江南学府之翘楚，不仅在科举时代孕育了众多人才，其建筑的宏伟与精致亦广受赞誉。

沧浪亭

沧浪亭坐落于孔庙东侧，其前身乃吴越国广陵王钱元璙之池馆。后苏子美遭贬谪，于此地筑亭而居，并赋予其"沧浪亭"之名。苏子美在其广为流传的散文《沧浪亭记》中深情地记述："予以罪废，无所归。扁舟吴中……"另有文献记载：吴中"渚茶野酿，足以消忧；莼鲈稻蟹，足以适口。又多高僧隐君子，佛庙胜绝。家有园林，珍花奇石，曲沼高台，鱼鸟流连，不觉日暮"。欧阳修亦有诗云："清风明月本无价，可惜只卖四万钱。"由此，沧浪亭声名远播。元朝至明朝期间，沧浪亭荒废，直至清朝，巡抚宋荦得文徵明隶书"沧浪亭"三字，刻于楣上，沧浪亭得以复兴。太平天国时期，沧浪亭遭受兵乱，后经重建。五百名贤祠内的粉壁上镶嵌有从泰伯至清末，与苏州相关的历史人物石像五百六十尊。园内祠宇古朴典雅，亭榭错落有致，植物葱郁繁茂，山石嶙峋奇特，每一处布局皆显得精妙绝伦，令人叹为观止。

沧浪亭

胡 宿

窜逐本无罪，羁穷向此忘。
野烟含怅望，落日满沧浪。
乱草荒来绿，幽兰死亦香。
楚魂招不得，秋色似潇湘。

【乌鹊桥】

乌鹊桥坐落于长洲县衙的东侧，其名称源自吴国三古馆之一的乌鹊馆。三古馆包括升月馆（位于带城桥以东）、江枫馆（位于渴乌巷）以及乌鹊馆。据古籍记载，原有八座古馆，除上述三馆外，还包括全吴、通波、龙门、临顿、夷亭五馆。

【双塔寺塔】

双塔寺位于城市东部的定慧寺巷深处，其历史可追溯至唐咸通二年（861），最初命名为"般若寺"。五代时期，吴越的钱氏家族将其更名为"罗汉院"。到了宋朝雍熙年间，王文罕在该地兴建了两座宏伟的砖塔，从而使得寺庙获得了"双塔寺"的称谓。宋至道元年（995），寺庙被赐予御书四十八卷，并更名为"寿宁万岁禅院"。乾隆时期，东塔遭毁坏，直至道光元年（1821）才得以重建。寺内其他建筑在太平天国的战火中被摧毁，唯独双塔历经岁月的洗礼依旧巍然耸立。其形状似笔管，独特且引人注目。

【定慧禅寺】

定慧禅寺坐落于双塔寺西侧，其历史可追溯至其最初作为双塔寺的附属院落。后更名为西方院、定慧禅寺等。不幸的是，在元朝末年，定慧禅寺遭受火灾，建筑被毁。随后，在明朝洪武年间，该寺得以重建。

【永定讲寺】

该寺亦称"永定普慈天台讲寺"，坐落于铁瓶巷之北，始建于梁天监年间，由吴郡顾氏捐献宅邸而成。唐朝乾符年间，该寺被赐予"永定寺"之名。不幸的是，该寺历经三次火灾，两次被废弃，直至同治年间得以重建。

【怡　园】

怡园坐落于护龙街尚书坊，其前身乃是吴宽的居所。经过太平天国战乱，该园最终归属于顾氏家族，并被命名为"怡园"。园内景色宜人，曾吸引著名学者俞曲园为之撰写《怡园记》。

【玄妙观】

玄妙观，亦称"元妙观"，位于繁华的观前街，其悠久的历史可追溯至西晋咸宁二年（276）。最初，该观被命名为"真庆道院"，至唐开元二年（714）更名"开元宫"，大中祥符年间又更名为"天庆观"。建炎年间，该观因战火受损，绍兴十六年（1146）得以重建，并邀请擅长山水及人物画的画家绘制壁画。不幸的是，该观后又遭火灾，随后再次重建。淳熙六年（1179），三清殿建成，元至元初年，该观改名为"玄妙观"。至正末年，该观再次遭受破坏，明洪武年间得以修复。庙宇宏伟壮观，内部布局井然有序，包括三清殿、高耸入云的弥罗宝阁、庄严肃穆的东岳殿，以及两庑中排列有序的三十六案七十二司、巍峨的五岳楼等建筑。弥罗宝阁高三层，高耸云天，站在阁上，西山一带尽收眼底。玄妙观占地面积广阔，境内热闹非凡，小摊贩们的叫卖声此起彼伏，售卖着各式各样的商品，茶馆内茶香袅袅，表演者们正卖力地演出，吸引着众多游客驻足观看。恰逢庙会之日，玄妙观前的道路，即观前街上热闹非凡。该观具有浓厚的中国宗教特色，是道教的道观，据传观中曾有唐玄宗题赞、颜真卿书，但遗憾的是，这些已不复存在。乾隆年间，高宗"南巡"至此，赐御书禁匾三：一曰"清虚静妙"，一曰"穆清元始"，一曰"珠杓朗耀"。

【狮子林】

狮子林，亦称"五松园"，坐落于齐门内潘儒巷42号。乾隆皇帝对这里情有独钟，曾三次莅临此地。狮子林的假山群由太湖石精心构筑，形态多样，布局错综复杂，其中巧妙地设计了曲折蜿蜒的洞穴，游走其间，宛如步入迷宫，令人赞叹不已，实为奇观。遗憾的是，如今园林已几近荒废。

【拙政园】

　　明嘉靖年间，王献臣基于大弘寺的旧址构筑了宅园，并以潘岳的"此亦拙者之为政也"为灵感，命名为"拙政园"。文徵明为此绘制了图记。康熙十八年（1679），拙政园被改建为苏松常道新署，其后又恢复原状。在太平天国时期，拙政园曾作为忠王府使用。同治十一年（1872），拙政园又改为八旗奉直会馆。现今，入园的票价为一角六分，极具参观价值。园内不仅有亭台水榭，还有文徵明亲手种植的紫藤花树。园中古木苍翠，绿荫覆盖，点缀着古朴典雅的茶馆与曲艺场。孩童们的欢声笑语在园中回荡，为这片充满历史的土地注入了生机与活力。康熙皇帝亦曾巡幸此地。

【春申君庙】

　　春申君庙，乃为纪念楚国名士黄歇而建，坐落于王洗马巷。不幸的是，该庙宇于咸丰十年（1860）遭遇火灾，惨遭焚毁。其后，在同治五年（1866）得以重建。

【北寺塔】

　　北寺坐落于城市北部，原名"报恩讲寺"，民间亦称"北寺"。在吴代时期，该寺被称作"通元寺"，至唐代则更名为"开元寺"。据史料记载，此寺由吴国孙权于赤乌年间为其乳母陈氏所建。亦有传说指出，孙权之母吴夫人曾捐宅以建寺。北寺后又得名卧佛寺。大顺二年（891），寺遭孙儒焚毁。五代后唐同光三年（925），钱镠主持重建。建炎四年（1130），寺再次被烧毁，绍兴年间得以重建。北寺最著名的建筑是其寺塔，始建于明万历十年（1582），历时九年竣工，清朝末年曾进行大规模修缮。该塔是一座砖石结构的木制九层塔。登临塔顶，可远眺壮丽风光。此外，尽管名为"讲寺"，但北寺并非禅宗寺院。寺内设有大讲堂，实为苏州首屈一指的佛教圣地。在苏州七塔中，唯有北寺塔可供游客登顶。参观者须在入口处缴纳十分钱。塔下广袤的青草地，相传是昔日的行刑场。

城外的名胜古迹

【宝带桥】

宝带桥位于日本租界东南约一里处，横跨大运河与澹台湖，是一座宏伟壮观的石桥。其设有五十三个拱形桥孔，被誉为"江南地区桥梁建筑的杰作"。该桥始建于汉武帝时期，后因岁月变迁而遭受破坏。至唐代，刺史王仲舒慷慨捐赠个人宝带，用以筹集修缮资金，使桥得以重放光彩，因此得名"宝带桥"。此后，宝带桥亦经历了数次修缮，最近一次大规模修缮是在清同治十三年（1874），由巡抚张之万负责主持。

宝带桥

乾隆帝

匪伊垂之玉有条，两湖春水绿如浇。
印公豪敚苏公物，飞作吴中第一桥。

【采莲泾】

采莲泾，一条蜿蜒于苏州城东南的沟渠，适宜小舟穿梭。两岸的民居错落有致，屋舍间广袤的田圃绿意盎然，蔬菜葱郁。此地昔日种植莲藕，附近建有采莲泾桥。据传，吴王曾命人在此采莲种植，并携美人在莲间赏花嬉戏。

【吴门桥】

吴门桥，位于盘门外，是一座宏伟的石桥，横跨于宽阔的大运河之上。此地乃水陆交通的枢纽，历史上众多汽船公司的码头均设立于此。

【寒山寺】

寒山寺坐落于苏州城西侧约一千米处的枫桥镇。踏入寺门，御碑亭便映入眼帘。继续前行，稍作右转，即可目睹殿后方那块著名的旧诗碑，其上刻有文徵明所书的张继诗作《枫桥夜泊》，以及俞曲园所书的新诗碑。正殿左侧，可见伊藤博文捐赠之钟，寺内亦有碑拓出售。

此古钟现今悬挂在正堂左侧，吸引着每一位踏入寒山寺的访客。无论是年幼的孩童还是成熟的成人，皆不禁伸手轻敲。

【枫　桥】

距离寒山寺约四五町处，即枫桥。据传，此桥旧时亦写作"封桥"。此桥在太平军战乱期间被焚毁，现今之桥为同治六年（1867）重建。因此，对于前来游览的游客而言，须明白此桥虽承载历史记忆，却已非昔日之貌。

宿枫桥

陆　游

七年不到枫桥寺，客枕依然半夜钟。
风月未须轻感慨，巴山此去尚千重。

【留　园】

留园坐落于阊门外的花步里，园中亭台楼阁、水榭以及太湖石假山的布局极为巧妙，构成了一处独具特色的微型公园。该园亦名"寒碧山庄"，相传是在明代东园的旧址上重建的。最初由刘姓人士所建，故原名"刘园"。随后，它成为盛宣怀的私家园林。现今，该园已对公众开放，入场费用仅为一角。在园内侧壁上，镶嵌有苏东坡笔下如行云流水般的《赤壁赋》石刻，旁边则是俞曲园文笔出众的《留园记》，两者相映成趣。

【西　园】

西园，位于留园西侧约五百米处，亦称"戒幢律寺"，是近年来精心构筑的新景观。该寺内设有宁静祥和的放生池，池中数只巨鼋悠然自得地游动，为寺庙增添了生机。

【白公堤】

白公堤，坐落于阊门外虎丘方向约一里之处，是一条长堤。一侧毗邻居民区及田地与树木，另一侧则紧邻运河。春华秋实之际，景色尤为迷人。

【虎　丘】

虎丘坐落于苏州府城西北约半里的位置，此处亦是吴王阖闾的陵墓所在。沿着参拜的道路行进两三百米，即可抵达山门，门楣上刻有四字。山门之内，右侧可见永乐二十二年（1424）所立的《虎丘云岩禅寺修造记》碑，以及景泰四年（1453）的《敕赐藏经阁记》碑。左侧则是正统十年（1445）所立的《苏郡虎丘寺塔重建记》碑，以及至正六年（1346）的《虎丘云岩寺兴造记》碑。通过这些碑文，可以追溯虎丘寺塔的历史演变。离开山门，继续沿参拜山道向上行走，左侧可见吕升卿题字的憨憨泉，相传为梁代神僧憨憨尊者所凿。紧接着是试剑石，再往前走，右手边有一座亭子。该亭子是与南京的莫愁、杭州的苏小小并称"江南三美妓"的真娘的墓地。继续前行，抵达一片平地，此处有千人石，左侧有生公讲台，上方是明代所建的经幢，与之相对的是颜真卿所书"虎丘剑池"、吕祖师自序碑以及李阳冰所书"生公讲台"四字，分别刻在四块石头上，镶嵌于岩石之中。"剑池"二字，历经岁月侵蚀，几乎被尘土碎石掩埋，仅余些许字迹顽强地立于积水之中，仿佛在诉说着昔日的辉煌。而刻于石壁之上的碑文，也大半隐没于泥土之中，只留下些许历史的痕迹，引人深思。上方是双井桥。右侧有一座刻有《金刚经》的塔，后方是因莲花而闻名的白莲池（据传清远道士曾在此养鹤，故又称为"养鹤涧"），池中有因道生法师对石头讲经、石头点头赞同而闻名的点头石。上方即云岩寺，殿内悬挂有日本捐赠的钟。从寺内的小吴轩向外眺望，可将姑苏的旷野一览无余，远处的北寺塔等亦可尽收眼底。御碑亭，作为标志性建筑，可追溯至清朝时期。御碑亭内，乾隆御碑位于前，康熙御碑位于后，体现了长幼尊卑。乾隆碑座为须弥座，俗称"莲花座"，而康熙碑座为龟趺贔屓。御碑亭左侧是已经荒废的虎丘寺塔，稍左侧还有崇祯十年（1637）所立的《虎丘云岩寺重建大殿记》碑，立于塔下的草丛中。从这里往下走还有陆羽井，俗称"观音水"，又名"三泉"，陆羽称其为"第三泉"。相传刘伯刍将天下名泉佳水划分成七等，此泉排在了第三。沿参拜道路并肩而下，朝山门方向缓步前行，古观音殿首先映入眼帘，随后是那可远眺绝美风景的冷香阁。穿过后门，继续蜿蜒而下，便抵达了云澜精舍（注：或为"灵澜精舍"之误），月驾轩侧壁上，嘉庆年间钱大昕所题的"海涌峰"石碑静静伫立，诉说着往昔的故事。从这里继续往前，到达山门之前还会经过问水亭、留晖径、抱瓮轩等。这些错落有致的亭台楼阁，均为近代所建，为这片古地增添了几分现代的气息。

  虎丘山，亦称"海涌山"。唐代时期，该山曾一度被称为"武丘"（因避太祖名讳而更名）。其正式名称应为"虎丘山"，通称"虎丘"。据传，此小丘乃吴王阖闾下葬时堆积土石而成。因此，可以推测，此地原本可能仅为一处较为平坦的小土坡。

阖闾是周太王后裔，苏州城的建造者。泰伯和仲雍让出继承权，逃至荆蛮建立句吴国。周章被周武王封为吴国君主。寿梦为吴国首任君王，阖闾是其第四代。阖闾葬于虎丘，动用大量人力物力，陪葬品奢华。秦始皇和孙权曾试图挖掘此墓，但未成功。"虎丘"之名源于葬后金精化为白虎的传说。秦始皇试剑石的故事也与虎丘有关。剑池边缘有颜真卿所书的"虎丘剑池"石刻。

虎丘山巅耸立着一座古寺，名为"云岩禅寺"，亦称"虎阜寺"。该寺的基址原为晋代司徒王珣及其弟王珉的别墅，咸和二年（327），兄弟二人决定舍弃私宅，改建为佛寺。最初，寺庙分别建于剑池山的东、西两侧，彼此独立，形成了两座寺院。至唐朝时期，寺庙更名为"武丘寺"，亦称"报国寺"。唐会昌年间，佛寺遭到废弃。其后，在重建过程中，两座寺院合并为一，并将寺址迁至山上。北宋至道年间，知州魏庠上奏，将虎丘山寺更名为"云岩禅寺"。景祐年间兴建了景祐书阁，绍兴年间又建造了大殿，但不幸的是，这些建筑后来在战火中遭到破坏。元至正年间进行了重建，明洪武年间寺庙再次遭遇火灾，永乐初年，寺中住持主持重建了殿宇。宣德年间寺塔再次被焚毁，正统年间巡抚周忱主持了重建工作。崇祯二年（1629）冬天，寺庙第三次遭遇火灾，后由巡抚都御史主持重建了大殿。此后又遭遇了两次火灾，同治三年（1864）、同治十年（1871）进行了重建。尽管云岩禅寺历史悠久，但历经五次火灾，且每次火灾后都进行了翻新重建，因此，其最初面貌已不复存在，实为遗憾。据明代杨士奇所著的《虎丘云岩禅寺修造记》记载，阁上供奉着三世佛及万佛像，中殿供奉观音大士及诸天像，其建造费用高达钞三十余万贯，而金石彩绘等装饰费用则超过六十余万贯。

禅寺的后方矗立着一座荒废的塔。该塔始建于隋仁寿元年（601），明代永乐年间经历重建，至宣德年间，由名为南印的僧人进行了修缮。如今，寺塔饱经风霜，仅留下断壁残垣，游人已无法登临凭吊。

云岩禅寺

范仲淹

昔见虎眈眈,今为佛子岩。
寒泉不出寺,剑净未离潭。
幽人步萝径,高禅雪闭庵。
吴都十万户,烟瓦亘东南。

虎　丘

苏东坡

入门无平地,石路穿细岭。
阴风生涧壑,古木翳潭井。
湛卢谁复见,秋水光耿耿。
铁花映岩壁,杀气使蛙静。
幽幽生公堂,顽石立两旁。
当年或未信,异类服精猛。
胡为百岁后,仙鬼互驰骋。
窈然留清诗,读者为悲哽。
东轩有佳致,云水丽千顷。
熙熙览生物,春意破凄冷。
我来属无事,暖日相与永。
喜鹊翻初旦,愁鸢蹲落景。
坐见渔樵还,新月溪上影。
悟彼良自咍,归田行可请。

【支硎山】

支硎山，位于苏州府城西郊约四里处，因历史上报恩寺的所在地而得名"报恩山"；同时，由于观音寺的建立，亦被称作"观音山"。据史料记载，东晋时期高士支遁曾在此山隐居修行。山中诸多古迹，如石室、寒泉、放鹤亭、白马观音寺等，均承载着支遁的遗风。在田间地头，一棵古梅树傲然挺立，据传其树龄已超过两百年，见证了历史的变迁。

支遁，字道林，本姓关，东晋时期陈留人，亦有说法称其为河东林虑人。二十五岁那年，他出家为僧，最初隐居于余杭山，后迁至吴地，定居于支硎山，生性喜爱鹤与马。

【天平山】

天平山，耸立于支硎山之南，山上奇石众多，形态各异，蔚为壮观。南麓有范文正公的功德院白云寺，旁边有范氏家庙。范氏家庙在乾隆十六年（1751）高宗皇帝巡幸时被赐名"高义园"。园内，十株老枫树巍然挺立，皆历经数百年风霜。秋末初冬，红叶如火，漫山遍野，一片绚烂。置身于此，温一壶美酒，赏枫叶之艳，实为人生乐事。过去的寺门已经荒废了。湖畔有二月兰，不过比起二月兰，散落满地的红色枫叶更有深秋的情趣，实属江南第一雅致。枫林中有御碑亭，还有范公祠。园外有两棵荆树，都有一百多年的历史，范氏裔孙大同守瑶刻"连理荆"三字于树。往山上走就是白云寺，寺旁的白云泉被称为"吴中第一泉"。行至半山腰，即到达白云寺。白云寺又名"天平寺"，最初是一座庵，位于天平山的南部。唐宝历元年（825）开基，北宋天圣年间僧宝谛拓建。皇祐初年范仲淹奏请改为"功德寺"。元末寺院被烧毁，明洪武年间重建。寺内的忠烈庙即范文正公的先祠。徐国公、唐国公、周国公三代均葬于此处。据说原本范氏先祖葬于庆州，南渡之后改供奉于此地。沿着蜿蜒曲折的山中险道，一步步艰难地往山顶攀登，最终抵达了那巨石嶙峋、形态各异的卓笔峰。山顶一稍稍平整处名为"望湖台"，即远公庵遗址。另有一圆形巨石，面向太湖，名为"照湖镜"。地平线与天空在远方相接，一望无际的苏州平野宛如画卷般展现在眼前。府城的轮廓、波光粼粼的太湖、蜿蜒的运河等景观清晰可见，令人心旷神怡，不禁感叹这确实是名副其实的"登天平路"，美不胜收。天平山另有别名"万笏朝天"。

【金　山】

金山，乃天平之支脉。初名"茶坞山"，据传晋宋时期，人们在此凿石发现金矿，遂更名"金山"。此山海拔五十丈，山内蕴藏诸多美石。山中矗立一石碑，其顶部刻有"最胜"二字，乃五代时期隐士陆遹之手笔，惜今已遭损毁。山腰处有翻经石，横跨于石梁两侧，下方形成一空洞，可供人通行，其形似天台山之石梁，名为"罗桥汉"（注：疑为"罗汉桥"之误）。

【秦台山】

秦台山坐落于天平山西侧，山巅之上镌刻着"秦台"二字。据传，秦始皇曾莅临此山进行游览。该山亦有"晨台"或"神台"之称。

白云泉

白居易

山腰清泚喷灵泉，白傅当年好是闲。
一览便利不烹茗，恐妨烟火涸其间。

【灵岩山】

灵岩山，耸立于天平山之南，其雄伟壮观，直入云霄。此山因盛产优质石砚原料而闻名，故有"砚石山"之称；又因山腰藏有石鼓，亦称"石鼓山"。从苏州府城出发，骑驴慢行约需三个时辰可达灵岩；或乘画舫悠游，自吴门桥下出发，沿胥塘水路蜿蜒前行，约需四个时辰可至木渎古镇。此外，从府城至灵岩有一条铺石道路，名为"南御道"，乃乾隆皇帝"南巡"时所建。而从府城出发，经过枫桥至天平山的路线，则被称为"北御堂"（注：可能是"北御道"的笔误）。从木渎镇出发，沿山的西南麓砖道攀登，即可抵达山顶。山上有吴王行宫馆娃宫，山巅有一扁平巨石，名为"琴台"，相传为越国美女西施弹奏之所。南侧有日月池、浣华池、吴王井（圆形）、智积禅师井等。灵岩寺始建于东晋，迄今已逾1600年历史，由天竺僧人智积禅师开创。明洪武年间，灵岩寺被赐名"报国永祚禅寺"。康熙、乾隆两帝巡幸时，曾将灵岩寺作为行宫，使其成为佛教圣地及国家级风景名胜区的重要组成部分。不幸的是，灵岩寺后遭火焚，现仅存遗址。右侧有一座九层古塔，建于太平兴国二年（977），明万历二十八年（1600）遭雷击，木质结构被焚毁，仅余砖砌部分。此塔亦称"圆照塔"，巍然耸立于苏州古城，为苏州七大名塔之一。塔前南北两侧有小斜廊，名为"响屐廊"或"鸣屐廊"，自古以来常在诗文中被提及。另有一石室，名为"西施洞"，相传为吴王囚禁范蠡之处。香山旁有一小溪，名为"采香泾"，相传吴王曾在此山上种植香料，并命美人乘舟采集。如今从灵岩山远眺，可见一条白色河流，即采香泾旧址，亦称"前溪"。岁月流转，馆娃宫的辉煌已随历史尘埃消散，那些倾城佳丽的容颜，亦成过眼云烟，仅留下一抹芳华。然而，从灵岩山上俯瞰，那雄伟壮丽的景色依旧，仿佛在诉说着千年的沧桑巨变。

范蠡，字少伯，曾献策助越王勾践卧薪尝胆，兴越灭吴，功成名就后急流勇退，泛舟五湖，其最终去向不为人知。

题灵岩寺

白居易

娃宫屧廊寻已倾，砚池香径又欲平。
二三月时但草绿，几百年来空月明。
使君虽老颇多思，携觞领妓处处行。
今愁古恨入丝竹，一曲凉州无限情。
直自当时到今日，中间歌吹更无声。

【华　山】

华山耸立于苏州府城西六里处，毗邻支硎山，宛如一幅宁静的山水画。晋太康二年（281），此山绽放出千叶石莲花，因此亦称"花山"。又因山巅形似莲花，故名"莲花峰"。相传，宋代高士张廷杰选择此山作为隐居之所，因此此山亦有"就隐山"之美誉，增添了几许文人雅士的风雅气息。此外，山腰有天池，故亦称"天池山"。山巅之上，两座古朴的石屋静静矗立，其四壁上雕刻着精致的浮屠图案，似乎在诉说着千年来的沧桑变迁。山中还有龟巢石、虎跑泉、苍玉洞、盈盈池、地雷泉、洗心泉等胜景，以及摩崖石刻"华山鸟道"，相传为赵宦光所题。山上有石鼓，据传晋隆安年间石鼓自鸣，随后发生了孙恩作乱。山南有华山寺、北寂鉴庵，附近有钵盂泉。圣祖皇帝曾巡幸此寺，御赐"翠岩寺"等匾额。高宗皇帝亦曾巡幸此地，御赐联额。明代僧人鹿亭在此结茅，后建殿宇。

华山道中

范成大

过午曾阴未肯开，暖寒村店竹初灰。
萧萧林响棠梨战，晚恐阳山有雨来。

【穹窿山】

穹窿山坐落于灵岩山后约一里之地。东岭之下，有一磐石，高约一丈，据传为朱买臣昔日读书之处。山腰之穹隆寺，始建于梁天监二年（503），明代时易名为"丛林寺"，至嘉靖十年（1531）又更名为"拈花寺"。随后，上真观亦在此山中兴建。山内诸多名胜，包括法雨泉、双膝泉等。山顶之上，炼丹台与升仙台赫然在目，相传为拄杖赤松子于穹窿山取赤石脂炼丹之所。

【阳　山】

阳山，位于苏州府城西北方向约五里处，亦称"秦馀杭山"。据传，在越军进攻吴国之际，吴王夫差于夜间逃至该山，并因饥饿难耐而食生稻。随后，夫差在此被俘并命丧于此地。越王勾践遂将夫差安葬于阳山。然而，时至今日，夫差的坟冢已无迹可寻。阳山巍峨耸立，高度约八十丈，山势连绵二十余里，峰峦叠嶂，总计有十五座山峰。自古以来，此山即为白墡矿的重要产地，吸引了众多矿工前来开采。山中隐匿着古朴的文殊寺，寺内石井深邃，香炉石古朴庄重，散发着淡淡的香火气息。此外，阳山亦是观赏太湖辽阔景象的最佳地点。

【邓尉山】

邓尉山，亦称"光福山"，坐落于天平山后约二里处的光福镇。其西北部的龟山之上矗立着一座名为"光福塔"的建筑，该塔亦是苏州七大名塔之一。

【玄墓山】

玄墓山坐落于邓尉山的东南侧，其上建有万峰和尚的修行之所——圣恩寺。圣祖与高宗两位皇帝曾多次莅临此地，并在寺内的四宜堂驻跸。玄墓山的两座侧峰，西碛山与铜井山，周围环绕着众多梅树。每当梅花盛开之际，其景致分外迷人，圣祖与高宗皇帝对此亦深感喜爱。此外，玄墓山亦有"吾家山"之称。

【狮子山】

狮子山之所以得名，源于其独特的山形地貌，原称"岞崿山"。该山位于苏州府城西侧约二里之处。山的东南麓建有思益寺，东侧则有落星径，山上还建有石庵。

【上方山】

上方山，亦称"楞伽山"，乃七子山东北之分支。山巅之治平寺，初名"楞伽寺"，由法镜僧人始建于南北朝梁天监二年（503），北宋治平元年（1064）更名为"治平寺"。治平寺为苏州上方山内一座历史悠久之寺庙，乾隆皇帝曾六度"南巡"至苏州，并于治平寺驻跸，绘制《江南省行宫座落并各名胜图》。山上矗立着一座七层古塔，东南侧为丁家山，北侧为宝积山，宝积山上有宝积寺。东麓之海潮寺（石湖书院），昔日亦称"石佛寺"，乃文人墨客聚集吟诗作画之地。治平寺内有普陀岩、石池、石梁等景观，以及著名的红叶。

治平寺

朱彝尊

招提下山路，一径转回塘。
塔影开初地，钟声落上方。
阴崖深树绿，斜日乱峰黄。
湖上扁舟兴，沉吟意不忘。

【七子山】

七子山之名源于其山巅之上耸立的七个高耸土墩。此山亦有"横山""踞湖山""五坞山"等别称。位于第六个土墩之上的七子山乾元寺，是该山的标志性建筑。山的西南侧毗邻尧峰山，据传该山名源自尧帝时期，当地居民为躲避洪水而选择此山作为避难所。在半山腰处，有一座名为"兔山水"的寺庙。

【姑苏山】

姑苏山坐落于苏州府城以西五里之外的横山西北麓，古时称作"姑胥山"或"姑馀山"，现今亦称"胥台山"。山顶基石，相传为伍子胥庙宇旧址，亦是吴王夫差为博取西施一笑，不惜动用三千木工，耗时九年精心构筑的姑苏台遗址。昔日姑苏台高达三百丈，设有九曲路，拾级而上，可俯瞰方圆三百里之内的湖光山色。据史料记载，夫差尚为太子时，便曾驻守于此，保卫与楚国的边界。史册载，当年姑苏台极尽奢华，肉食堆积如山，任其腐烂；美酒流淌成河，任其倾泻。遗憾的是，后来亭台楼阁皆被越军焚毁，踪迹全无，今人只能通过遗址遥想当年的繁华。

苏台览古

李 白

旧苑荒台杨柳新，菱歌清唱不胜春。
只今惟有西江月，曾照吴王宫里人。

姑苏台

贡师泰

当时何事太情多，不悟危机出苎萝。
一夜月明天似水，吴王台上越王歌。

姑苏台

曹 邺

吴宫酒未销，又宴姑苏台。
美人和泪去，半夜阊门开。
相对正歌舞，笑中闻鼓鼙。
星散九重门，流血十二街。
一去成万古，台尽人不回。
时闻野田中，拾得黄间钗。

【太 湖】

"黄金"攀升至灵岩山之巅，回首远眺，可见一片烟波浩渺、恍若汪洋大海的辽阔湖泊，那即太湖。太湖横跨江苏与浙江两省，为中国罕见之大湖。其水域辽阔，约达一千平方英里，南北绵延三十英里，东西延伸四十英里，与众多大小不等的湖泊相连通。湖水不仅滋润着周围的农田，成为灌溉的关键水源，还形成了极为便捷的水上运输通道。此外，太湖周边分布着诸如无锡、震泽、平望、南浔、湖州等因盛产绢丝而闻名遐迩的城镇，这些地区共同构成了江南地区的富庶之源。另外，湖中有东、西两个洞庭山，以及马迹山、大雷山、大贡山、小贡山等众多岛屿。盛夏时节，众多商绅选择在太湖乘坐画舫以避暑。

1922

苏州见闻

哈罗德·师克明《环绕上海》

《环绕上海》封面

哈罗德·师克明（1888—1928）的《环绕上海》一书对中国运河沿线的城市、住家船、普陀山等处的社会风情有详细的描绘。作者在苏州描绘了以留园为代表的苏州园林，还记录了他所听闻的宝带桥得名的由来等，也记录了当时船家的渔唱、苏州城墙下的泥屋场景。书中还特别生动地记录了某日早晨作者被锣鼓惊醒，亲历了当时在苏州的救火场景，描写生动形象。整体来说，该书由美国纽约的阿宾登出版社于1922年2月在美国纽约及辛辛那提两地同时出版，1923年6月又再版。当时作者在书的扉页上还特意印上了中文篆体字印章"师克明印"。2018年，海天出版社出版了这本书的中译本。

哈罗德·师克明出生于美国，是一名作家，也是诗人和艺术家。他一生留下八本书，包括他的战争心得《士兵的心》（1919）、励志诗集《最年轻的牧羊人：伯利恒诗集》（1917）以及环游世界后写下的四本游记，这四本游记分别是游览中国后写的《环绕上海》（1922）、游览巴勒斯坦后写的《加利利山顶》(1923)、游览爱尔兰后写的《这是爱尔兰》(1925)以及游览美国中部后写的《密西西比河》(1927)。在旅途中,师克明还随身带着画具,用自己的画笔留下当地的印记,其中许多画作已被收录进他的作品中。

20世纪20年代初的一个初夏,师克明乘坐"亚洲皇后号"蒸汽船跨越太平洋来到上海,他走遍了长江中下游的多个地方。师克明更希望通过这些人、事、景,展示其背后的文化——他所理解的中国文化。正如他自己所言,"其实在我心底,我诚挚地希望看到的不仅仅是上海背后的国家,更希望能够看到'中国时尚'"。

这里选译有关苏州的第二章。

一

"启示号"像一只乌龟,沿着运河缓缓滑行,然后悄悄左转后,停在苏州城墙壁下。城西南的水闸边有一片泥屋。我踏上跳板,沿着墙壁之间的小路行走,然后穿过一个空荡荡的门道,向右拐了两个弯,赫然发现自己身处在《一千零一夜》之中!可是在那本梦幻般的书中,根本不可能有这样的锦缎、象牙、通透的琥珀、闪亮的珐琅、猫、狗、猪、珍珠……如果阿拉丁目前还没现身,那只是因为他刚钻进隔壁金匠的商店卖他的银盘!我在想,世界上有什么乐趣可以媲美一个年轻美国人在中国彻底放纵一天?他可能最终会回到自己父母在的那个充满霍乱、疟疾和跳蚤的家里,但在他自己看来,这将是"难忘的一天"!

在一家小店的前面有一位木雕师,他目光冷静,手持锤子和凿子,正在制作一个巨大的木质佛头。他身边有一个帮手,正在把两块巨大的木块粘在一起,制作菩萨宽大的肩膀。从木屑和凳腿之间传来一阵不可思议的喧嚣声,是三位小伙子和四个小孩,他们正操着相同的口音在激烈争吵。隔壁是两个金箔匠人，他们面对面坐着，用小锤子细心地交替敲打一块均匀铺在面前的皮。那块皮呈长方形，是从一百头水牛身上精心挑出的最精致的黏膜制作而成的！难怪他们这么仔细。在金箔匠人后方有一个狭长的小店，店里也有一个年纪很小的孩子，拿刀都很困难（更不用说挥动它），正在劈开竹子条用于制作伞骨。而他的父亲则在不厌其烦地做着广告，一边对着人群咧着嘴露出友善的笑容，一边忙着给漂亮的纸伞涂油。一个银匠一边把翡翠制成的眼睛嵌到一条银龙上，一边与对面的屠夫愉快地聊天……"油浸鸭"看起来似乎已经放了很久，但它们根本没有浸油，而是表面涂了一层红米制成的可食用的涂层，"牢牢地挂在绳子上"，随着隔壁黄铜店传来的叮叮当当声"快乐地翩翩起舞"。店里有许多年轻的短发学徒，他们正在敲击着厚重精美的黄铜碗——这些都是艺术品，但他们毫无意识——每个碗的售价只要六十五分钱！

在一条狭窄的中央街道上，竹垫搭在路两边的屋顶上，阳光透过竹垫的缝隙照射下来。街道的尽头，是一个宽阔的、铺着石头的寺庙。那一瞬间，我的脑海中浮现出两个场景：一个是一条神秘浪漫的"小饰品街道"；另一个是我站在一个广场上，在明亮阳光的照耀下站着发呆，广场左侧有一个寺庙，另一侧有一个相似的户外茶馆。

寺庙里正在准备一场法会。玩西洋镜和玩杂耍的人沿着寺庙前的栏杆站成一排，乞丐们举着木碗向路人行乞，或是从山门开始就念叨乞求。年轻的和尚剃着光头，头顶的十二个戒疤显示出他们的虔诚。他们充满活力，来来回回地奔走，指导那些新手为献祭制作纸马、纸人、纸船。还有几位悠闲的男人，每人手里提一只鸟笼，有的一边散步一边互相比鸟叫，有的则在如诗如画的茶屋中嗑瓜子。

进入寺庙要接受盘查。寺庙外殿光线昏暗，里面伫立着四大天王，每边两个，面目狰狞，令人敬畏，他们守护着殿内的佛祖。四大天王中间的基座上坐着弥勒佛，这是一个胖胖的、快乐的菩萨，圆圆的脸上露出微笑。弥勒佛是完完全全的中国形象——他周围的四大天王则来自印度，与他们那可怕的表情相比，弥勒佛显得十分突兀。

走过另一个阳光照射的小院子就来到了内殿。正当我迈向阴影的入口时，寺庙前的街道上传来了敲锣和吹号声，声音十分奇特，就像用苏格兰风笛尝试演奏古埃及的曲子。于是我加入人群，看到了白色、蓝色和金色的横条，还有一片闪烁的强光。十几个人身着白衣坐在齐肩高的轿椅上，进入以竹垫遮住阳光的中央街道。

"是有人结婚吗？"我问站在身边的阿周。

"没有，"他答道，"是有人去世了。"

所以，白色在中国代表着悲痛。我必须表现出惊讶，因为阿周脸上露出了悲戚的神色。

"结婚、死亡，"他说，"都是一样的！"我想从他善意的眼神里寻找些许幽默，但他一直用戴着眼罩的那半边脸对着我。

"你结婚了吗，阿周？"我问道。

"很久以前的事情了，"他严肃地说，"你应该也结婚了吧？"

二

苏州园林具有独特魅力，特别是留园中飘出清新的香味，在整个空气中都洒满了美好，让人们对这座独特的中国城市留下了更加深刻的回忆。

进入花园首先要穿过三间白房子。这些房子没有过多的装饰，只有一排圆形的窗户，上面刻有石头窗饰。透过这些窗户，可以看见其他三面简简单单的白墙。毫无疑问，这三间纯净的小房间是经过精心设计的，它们如此优美，就像歌女指尖弹奏月琴跳出的温柔音符。左手边有一个白色凉亭，透过凉亭可以看到清澈的天空和温暖的阳光，还有一棵矮树，用细长的根茎环绕着古老、灰色的岩石裂缝，后面是一排闪亮的黑柱子和远方的一个洒满阳光的拱廊。人们可以感受到歌女完成了前奏，开始歌唱。

歌的一些片段：

> 门口
>
> 圆形和八角形……
>
> 樟树的蓝色阴影
>
> 穿过翠绿的池塘
>
> 那里有透明尾鳍的金鱼
>
> 在宽阔的叶子下面休息……
>
> 黑色的鸟儿对着红色的花朵歌唱……
>
> 两只孔雀
>
> 沿着象牙白的栏杆
>
> 在黑色的柱子之间悄悄地挪动……

写下这些歌词之后，我就合上了笔记本。我记下来的不是花园之歌，而只是一些文字；我感到一丝悲伤，旋律本身是带不走的，只能待在属于它的地方，与阳光下树枝摇摆的节奏和穿过树林之间的轻风不可分割。

三

我慢慢开始搞清楚"启示号"上有哪些人了。当然有"拿破仑"，有他那名叫"大副"——这寓意着"伙伴"——的大儿子。然后还有一个小儿子，名字好像叫"阿胖"，还有"第四名船夫"，实际上由"拿破仑"的老婆和大副的老婆两人组成。还有两个小男孩，他们是大副的儿子。另外还有一名高个男人，他脸颊圆胖，戴着一个金表链蹲在后面的甲板上，抽着一根长杆烟——我猜测他是一名二等客舱的乘客，因为他在离苏州很远的一个村庄就下船了，之后再没出现在船上。我唯一感到奇怪的是，他在哪里睡觉？

阿周从船舱中取出食物准备做饭。有几次，一些食物悄无声息地从储藏室转移到木炭火炉边，那分量一个白人肯定吃不了。事实上，我已开始想象自己正在经营一家小型的美式风格浮动酒店了。

四

在苏州附近发生了一些有意思的事情。其中最重要的一件是，在多条河流交汇的一个宽阔的水面上坐落着一座伟大的石桥，被称为"宝带桥"。宝带桥有五十三个桥孔，两边桥头各有一座石狮，顺着桥孔和石狮向远处望去，宝带桥像是被两个小铁塔固定在地上。人们可能会认为，桥的名字只是表达它能够成功连接不同水域。但传说这个名字源于遥远的唐朝，当时完成桥梁建设的资金缺乏，苏州地方官就捐出了他自己的一条玉带，以使修建工作能够圆满完成。正因如此，按照中国的独特文化，人们就把这座桥命名为"宝带桥"。

阿周告诉我，有一个古老的传统，任何人从宝带桥南边开始数，只能数出五十二个而不是五十三个桥孔。我开始数的时候，他那消瘦的脸上露出充满等待的喜悦。但是，我不忍心告诉他真相：其实无论从哪一端开始数，我数出的数字都是一样的；所以他高高兴兴地离开，将这一传统的力量告诉给"拿破仑"和其他人——特别是"第四名船夫"，他们都有自己的命运，并且充分相信存在神秘的力量。

石门、无锡、吴江、嘉兴——这些城镇具有深厚而古老的魅力，每一个城镇都有自己独一无二的寺庙、桥梁或宝塔——多姿多彩，令人眼花缭乱。在每一个转角，我都会发现西方人从未想象过的生活，虽然简单却令人惊讶。运河水底的泥沙为数以千计的住家船客提供生计，这些人挖泥种养水草，用它们来养贝类，或者挖掘河床底部的淤泥做肥料。

在我们的船尾，有一条小舢板，上面坐着一名约二十岁的男子，正在把一根绑在竹竿上的木勺伸到河底挖东西。他的年轻妻子在舢板的另一端，手中拿着一个筛子。他把木勺取出水面后，把勺里面的东西倒在筛子里过滤。他的妻子用手把泥巴拨开，挑出小块的未燃烧尽的煤块并保存起来。这些煤块是过往的蒸汽船扔出来的。这正是他们的生活。舢板上面有一间用可移动的垫子制成的船舱，这就是他们的家。每年有几个月的时间会下雪，地面上会积雪，水面上也会漂浮着冰块。但他们依然会像大副、"拿破仑"和其他人一样毫无怨言，接着去捡煤块。每当农历新年来临，他们会与中国其他地区的人们一起共同庆祝，并不是为了欢庆即将到来的一年，而是感激已经成功度过了过去的几个月。

我在想，看到此情此景，还有谁会只是满足于在遥远的书斋里做一名只会分析形势、只关心政治和国家，或只是研究远古王朝的旅行家？也许——

但在那一刻，我看到了在不远处，一名年轻女孩正宁静地坐在船头，毫不躲避，毫不隐瞒，突然，我热泪盈眶。因为这是信仰和希望，远远超越了那些讲述哪些王朝最强大、哪些国王最骄傲的故事。

1923

苏州之旅

日本国画创作协会《欧洲艺术巡礼纪行》

日本国画创作协会所著的《欧洲艺术巡礼纪行》，于1923年由十字馆出版发行。

这里选译该书"苏州之旅"的章节。

《欧洲艺术巡礼纪行》封面

自古以来，扬州在《禹贡》中被提及，春秋时期为吴国都城，其名称与归属历经多次更迭。自隋朝以降，直至现代，此地一直以"苏州"之名著称。苏州位于上海西侧，而历史上著名的松江则紧邻苏州河畔。

十月九日，适逢周日，伊达、吉川等人再次以地主之谊款待。上午九时三十分启程，乘坐沪宁铁路约两小时，途中透过车窗欣赏着金黄色的稻田，怀想着祖国的秋色，我们于十一时许抵达苏州城郊的火车站。走出车站，喧嚣声依旧迎面而来。车夫、马夫纷纷从四面八方涌来，争相招揽生意。我们分乘两辆马车，首站前往枫桥。车站前的道路两旁种植着繁茂的行道树，路上可见脖颈系着众多铃铛的驴子缓缓行进。驴子的铃声叮当作响，脚步声吧嗒作响，这让我回想起1918年的春天，当时我逃离了炮火连天的巴黎，前往南法的橘城旅行。那时道路两旁新长出嫩叶的梧桐和飘扬着柳絮的杨树，以及路过的羊群，尽管与此时的驴子不同，但所唤起的田园风光和游子的旅行情怀却是如此相似。

苏州古迹探寻之旅

那波利贞《燕吴载笔》

《燕吴载笔》一书由那波利贞撰写,于1925年由东京同文馆正式出版。该书详细记载了苏州地区的古迹,共计七个章节。

那波利贞毕业于京都帝国大学史学科,专注于东洋历史研究。他曾在大谷大学、京都大学等学术机构担任教职。1931年至1933年,他前往法国和德国深造,对敦煌写本进行了深入的调查、抄录和摄影工作,并为其中的汉文写本编制了目录。

这里选译该书第288页起的部分内容。

《燕吴载笔》封面

我渴望诞生于苏州,生活于广州,终老于漳州。

此句乃中国民间流传甚广的谚语,反映了普通中国人对生命旅程的向往与憧憬。苏州，位于江苏省，古称"姑苏"，以绮丽的风光和清澈的泉水闻名遐迩。据传，正是得益于这山水间的灵秀之气，此地孕育了众多容貌清丽、风度翩翩、举止优雅的俊男美女。究竟是山水之灵气所致，抑或是种族差异所影响，尚无定论。然而，苏州俊男美女众多的现象确凿无疑。苏州人肤白貌美，或许与当地水质和风土气候息息相关。回顾历史，诸多文献中亦不乏"吴姬越女"之记载。因此，中国人渴望生于苏州，或许正是出于对美丽容颜的向往。

1925

游苏记

桥本关雪《关雪随笔》

桥本关雪所著的《关雪随笔》，于1925年由日本中央美术社出版发行，书中特别提及了苏州的相关章节。

桥本关雪（1883—1945），日本杰出的画家，日本大正、昭和时期关西画坛的领军人物，亦是日本关东画派的领导者。自1914年起，他多次访问中国，对中国古代文化有着深入的理解和研究。他与吴昌硕、王一亭等中国艺术家建立了深厚的友谊。桥本关雪出生于日本兵库县神户区，受家庭影响致力于汉学的学习。1921年，他游历欧洲后，大部分时间都在中国度过。他的艺术作品深受中国自然风光和传统文化的熏陶。

这里选译该书第202页起的部分内容。

《关雪随笔》封面

这是在苏州虎丘游览时所经历的事件。

苏州居民出游的优选路线，通常是从

阊门外启程，前往留园，随后继续前往虎丘。若计划游玩一整天，此路线无疑是最为理想的。每逢造访苏州，我几乎都会前往虎丘，主要目的是为了写生等艺术创作。在自然的怀抱中度过悠闲自在的一天，然后心满意足地返回。春季，城中的年轻女性和少妇们身着珊瑚色、蓝色的衣裳，由仆人携带着食盒，穿过几排柳树，渡过流水，在菜花与桃花的环绕中嬉戏，这番景象宛如一幅生动的春日郊游图。

当时，我已在该地逗留了整整一日。春末之际，遍地的二月兰竞相绽放，犹如一片紫色的海洋。在清澈的蓝天的映衬下，虎丘的高塔显得格外醒目，而花香之上，八哥鸟欢快地飞翔。一位老人似乎对周遭的喧嚣毫无察觉，仿佛全心沉醉于春光之中，静静地躺着。他脸上的皱纹、浓密的胡须，以及纹丝不动的身姿，都让人感觉他静得几乎像是停止了呼吸。几只白色的蝴蝶在他周围轻盈地飞舞。

同行的 H 君对那位老人产生了浓厚的兴趣，坚持要将他描绘于画作之中。我们遂约定老人明日务必前往我们的住所。

翌日，正当我们忙于整理写生画作，几乎要将老人之事抛诸脑后时，客栈的侍者手持 H 君昨日散发的名片，告知我们有人希望与我们会面。此刻，我们俩的脑海中不约而同地浮现出那位老人的面容。我们齐声说道："那个老人来了！"

1925

骑驴游苏州

前田武四郎《中国之旅》

《中国之旅》中的作者照片

前田武四郎所著的《中国之旅》，于1925年由东京工业杂志社出版。该书特设一章节，详尽记载了作者在苏州的所见所闻，这些记录反映了抗战爆发前日本人在华的旅行经历。

前田武四郎（1867—1931），彼时担任递信省电气试验所日本电灯技师长之职。

这里选译该书第58页起的部分内容。

❧ **骑着驴子** ❧

三月二十七日清晨七时，我自上海启程，上午九时抵达苏州火车站。依照前日电报之约定，精养轩的东主（国籍为中国）至车站迎接。在东主的引导下，我乘坐马车抵达了酒店。稍作休憩后，我与酒店工作人员协商并确定了游览计划。随后，在先前迎接我的东主的带领下，我开始了苏州著名景点的游览之旅。

《中国之旅》插图照片：瑞光塔
（注：照片误注为北寺塔）

抵达苏州后，我首先渴望探访的地点无疑是寒山寺。张继所作的《枫桥夜泊》仿佛已成为汉诗的象征，广为传诵。据闻，游览中国，即便其他地方可以忽略不计，寒山寺却是必访之地。出于对此的好奇，我也加入了这一行列。然而，当我展开地图寻找寒山寺的位置时，却始终未能找到。有人告诉我，它位于远离市区的郊外，这让我产生了疑问："为何非去不可？"据称，苏州的多数街道狭窄，而诸如寒山寺、留园等名胜古迹大多位于市区之外。驴子成为主要的交通工具，被普遍采用。记得在华北旅行时，我曾骑着驴子穿越居庸关，越过八达岭，翻越了万里长城。那段骑驴旅行的愉悦经历记忆犹新，因此今日在从车站前往酒店的途中，偶然瞥见路边等待客人的长耳"老朋友"，我便萌生了再次尝试骑驴的愿望。然而，彼时在中国，骑驴通常被视为地位低下者的出行方式。因此，我犹豫是否应直接表达我想骑驴的意愿，为防不测，我向女服务员咨询："能否帮我租借一头驴子？我想体验一下。但这会不会显得有些滑稽？"

她面带微笑，语气轻松地说道："不必担心，我们这里的人经常骑驴出行。"

"那么，我们就租借头驴来骑行吧！"

于是，我们租借了两头驴，我和负责向我展示的老板各骑一头，手握缰绳，伴随着驴蹄的节奏，我们自信满满地开始了旅程。

驴子乃一极为可爱之动物，其小耳轻摇，欢快地奔跑。颈上铃铛随点头动作叮当作响，沿着运河旁的马路迅速前行。我已久未骑驴，故感觉驴鞍坐感略显不适。我欲令其缓行，以便我逐渐适应，然驴子置若罔闻，步履匆匆，啪嗒作响。奔跑之余，两驴间不时展开速度竞赛。落后者急欲超越，而前者则竭力阻挠。当后者即将超越之际，前者亦奋力疾驰。于是，骑者便可能失去平衡，不慎跌落。此时，马夫将大声斥责，并猛拍驴臀，驴子受惊之下，跃起。此情此景，可谓"鞍上无人，鞍下无马"，实乃危如累卵。

在旅途中，我们顺道参观了留园和西园这两个庭园。据传，其中一个曾是著名人物盛宣怀的府邸。我们还参观了李鸿章的别墅，据说他为了缅怀家乡，时常会来此小住。我站在那些被无数英雄豪杰踏足过的廊道上，凝望着以太湖石堆砌的庭园，不禁感慨时光的流逝。

离开这些庭园，继续前行不久便抵达了郊外。我一边欣赏着运河旁辽阔的平原景色，一边任由带着油菜花香的春风拂动我的衣袖，意气风发地拉紧驴子的缰绳，昂首挺胸地疾驰。前方突然出现了一个水坑，驴子突然一跃而过，令我不禁感到一阵寒意。每当路边出现青草，驴子便低头啃食，这又让我感到一阵惊吓。或许，堂吉诃德也曾经历过类似的惊险时刻。梦想中的激烈战斗瞬间破灭，回头看看自己骑在小毛驴背上的真实模样，我不禁哑然失笑。

马夫呼唤了几声后，驴子突然转向左边，跑了大约五十米便停了下来。我望着这田野中的乡间小道，心中疑惑为何停下。结果被告知，我们已经抵达了寒山寺的前方。

名　产

据景点介绍所述："寺内藏有明朝书法家文徵明所书之《枫桥夜泊》古诗的古碑，但遗憾的是碑面已严重破损，字迹几乎无法辨认。目前，寺内展示的是近代书法家俞樾所书的新碑，并向游客提供新碑拓本，售价为五十分钱。"正如介绍所言，除此之外，别无他物值得记载。我坐在寒山寺内的一座小亭中，花费二十分钱品尝了寺僧所泡的一碗粗茶。随后，我前往中庭游览。

在离开寒山寺后，步行百余米，便抵达了枫桥。我在此处稍作停留，环顾四周。枫桥的结构呈"へ"字形。

在枫桥之下，系着一艘带有竹草屋顶的小舟，舟中船家探出头来。想象中，张继或许就是乘坐这样的小舟抵达此地。若在此地留宿，加之舟船静止不动，其境况之凄凉，不禁令人同情。由于此地名为"枫桥"，我便寻找起枫树来，结果却令人失望，周围并未见到枫树。我向导游询问："这附近有枫树吗？"得到的回答却含糊不清。苏州作为著名的绢丝产地，周边地区多为桑田。河岸边虽有柳树，枫树却未见踪迹。

在这一天，我深刻体会到了文学作品，尤其是文章和诗歌所蕴含的强大力量。

虎丘山位于府城西北方向三英里处，是吴王阖闾的陵墓所在，有关虎丘山流传着许多传说。据史料记载，吴王夫差建造了姑苏台，耗时三年才完成。姑苏台曲折蜿蜒，占地五里，周围有三千宫女。此外，特别建造了春宵宫，用于长夜宴饮，还制作了容量达千石的酒杯。又建造了天池，并在池中打造了青龙舟，安排了歌舞表演，每日与西施一同嬉戏于水上。

> 姑苏台上乌栖时，吴王宫里醉西施。

《乌栖曲》这首诗描绘了昔日繁华的享乐场所。尽管现在尚有遗迹可寻，但原有的建筑已荡然无存。

据传，这座姑苏台曾是李太白的足迹所至之地。李太白，这位著名的酒仙，酷爱葡萄美酒，常以鹦鹉杯畅饮。史料中对姑苏台的描述浓墨重彩，当李太白目睹其荒凉景象时，想必心中充满了遗憾。

> 旧苑荒台杨柳新，菱歌清唱不胜春。
> 只今惟有西江月，曾照吴王宫里人。

此乃其在姑苏台的即兴之作。昔日辉煌的宫殿如今已空无一人，沦为一片荒芜。唯有杨柳年年吐露新绿，湖中采菱女子的歌声与春日的和煦景致相得益彰，即便人间的繁华与奢靡已成过眼云烟，自然界的春光却依旧恒久不衰。城西河上那轮明月，曾映照过吴王宫殿的辉煌，也曾映照过宫中灯红酒绿的繁华。

返回寓所时，已是午后一点有余。用过午餐稍作休息后，我又踏上了旅程。

午后，我游览了城南地区的名胜古迹，骑乘驴子在城外的道路上驰骋许久，前往日本租界处理事务。事毕，我从城墙西南的盘门重新进入城内。

在穿越了矗立于草地之中的塔，经过了农业试验所和植物园之后，我们抵达了孔庙。据景点介绍所述，孔庙"结构雄伟，江南地区罕见"，并提到"门内巍峨的建筑即孔庙正殿"。

玄妙观坐落于市中心，是一座自唐朝流传至今的道观。万花筒、街头艺人以及飘散着诱人香气的油炸食品摊位在此聚集，漫步于人群之中，观赏这一切，确实颇具趣味。此地无疑值得纳入旅行计划。

尽管向导准备充分，意欲引领我探索更多景点，我却决定就此止步。对于姑苏城内的诸多名胜，即便未亲临其境，亦可大致想象其风貌。于是，此次游览便告一段落。

1926

苏州佛寺游

迟塚丽水《新入蜀记》

迟塚丽水所著的《新入蜀记》，由大阪屋号书店于1926年出版。该书详尽地涵盖了苏州的多个方面，内容极为丰富，包括苏州与南京、枫桥与寒山寺、西园与大众行经、留园、玄妙观、高义园与灵岩山等诸多章节。

这里选译该书第30页起的部分内容。

《新入蜀记》封面

枫桥的寒山寺

我们自虎丘启程，再度跨上驴背，穿越繁华的市镇，越过弯曲的拱桥，抵达郊外，预备前往寒山寺参拜。途中，我们经过了枫桥古镇的集市，那里到处可见售卖肉类、蔬菜和饭食的商贩。骑乘着驴子的我们，穿梭于狭窄的小径……

❧ 西园的大众行经仪式 ❧

在"回"字形布局的小院中，五六名孩童正专心致志地诵读诗书，他们皆为邻近居所的孩子。一位长者，须发皆白，正以慈祥之态指导着这些学童。我轻手轻脚地靠近，瞥见孩童们所读之书，发现五六岁的孩子正在研习《孝经》，而七到八岁的则在诵读《论语》，九到十岁的孩子则在翻阅《孟子》。他们手中所持的书籍，乃是自他们祖父辈流传下来的古籍。我从衣兜中取出巧克力糖果，通过那位白须长者，将糖果分发给在场的学童。

我们重新骑上驴子，不久便抵达了西园的门前。此处即为敕赐西园震国戒幢律寺。寺门上方悬挂着一块匾额，正面题写着"咫尺西天"，背面则刻有"金轮永镇"。我们穿过寺门，步入园内，映入眼帘的是清澈的池水和石制的水缸，左右两侧环绕着回廊，正中央矗立着宏伟的大雄宝殿。殿内悬挂着法幡，似乎正在进行庄严的列队行经仪式。最前方是一位年长的僧人，身着红色法衣和同色袈裟，头戴船形僧帽。其后跟随数十名僧侣，他们身着朱红色的僧袍，手持鼓、钲和木鱼，口中诵念经文，缓缓前行。这显然是一场盛大的大众行经仪式。在大雄宝殿的正中，供奉着阿弥陀佛的圣像，而左右两侧的佛像似乎刚刚接受了供奉，均被涂饰成金色。众多善男信女纷纷跪拜，大殿前的青铜香炉中，焚烧的元宝烟雾缭绕，袅袅上升。香客络绎不绝，住持显得八面玲珑，从这一切迹象来看，寺庙的经济状况想必相当宽裕。

正殿前的池子里养着巨大的乌龟。乌龟在水池里缓慢地游动，突然伸出一个犹如人的拳头那么大的龟头，然后很快又潜入了水底。

大雄宝殿的后面是五百罗汉堂，我们进入堂内参观。

自高义园至灵岩山

我跨上驴背,离开了旅馆。从天平山启程前往灵岩山。离开城市后,沿途经过了橘园、花圃,以及桑园、甘蔗田、麦田。天空中彩霞绚烂,云雀在高声鸣唱。这无疑是一个绝佳的出游天气。

狮子山逐渐映入眼帘,我终于踏上了山路,便从驴背上下来,步行登山。我攀爬过覆盖着白苔的巨大岩石和茂密的树林,抵达南麓参拜了白云寺。头陀崖、卧龙峰、白云泉、一线天,这些均为山中胜景。奇峰异石耸立,被誉为"万笏朝天"。白云寺乃范正文公的功德院。"高义园"则由乾隆皇帝赐名。寺门旁有两棵巨大的荆树,乃范氏后裔范瑶所植。此外,还有"连理荆"的石碑。

我登上古寺的石阶,在高义园内悬挂着乾隆御笔的堂内桌边坐下,品尝着用白云泉水泡制的茶。目光投向门外,见到连理荆上结着类似无花果的果实。我命马夫用长竿将几个果实打落,发现那并非连理荆的果实。

苏州一日游

高山长幸《长江漫游日记》

本书出版于1926年,为同年作者高山长幸乘"上海丸"号从上海至重庆的见闻录。

这里选译该书第194页起七月的部分内容。

二十八日,星期三

清晨六时之前,我便从睡梦中醒来,今日的计划是前往苏州。

…………

上午十一点,我们抵达了苏州。尽管此行路途我已两次在夜间往返南京时经过,但因夜色朦胧,未能清晰目睹沿途风光。沿途风景与前往杭州的前半段相似,多为水田,未见特别之处。接近苏州时,右手边远处可见一片浩瀚的湖水,那便是

《长江漫游日记》苏州插图：留园

太湖。早晨出发时，我曾尝试点选什锦饭，但同行者似乎都缺乏食欲，仅食半饱便搁置了餐具，而我更是仅略尝了几口。由于亦无进食午餐的意愿，我们便直接下车了。我们事先策划，先乘坐马车前往精养轩——一家日本人的旅馆，并由对方承担马车费用。随后，我们又请他们为我们雇佣了人力车，当时已是下午两点。苏州的街道狭窄，马车难以通行之处颇多，因此许多人选择使用毛驴。在停车场内，众多毛驴待客，我们本欲尝试雇佣一头，但鉴于天气酷热，驴背直接暴露于烈日之下恐有中暑之虞，最终我们还是选择了人力车。

首先，我前往了因唐诗而闻名遐迩的寒山寺。据传，该寺由江苏巡抚程德全主持重建，并重新涂上了红漆。寺内的回廊亭榭保留了古朴之风。文徵明所书的古碑字迹已模糊不清，而俞曲园和康有为所书的《枫桥夜泊》诗碑及康有为碑则被妥善地保存于一室之内。据石农子所言，张继诗中的"月落乌啼"并非指日本式的月亮落下、乌鸦啼叫，而是指月亮落于名为"乌啼"的山，"乌啼"是山名。同样，诗中提到的对着江枫渔火的愁眠，也是另一座山名。既然有这样的山名存在，这样的解释似乎也就更为合理。然而，也有可能是因为张继的诗句太过著名，后人才附会出这样的山名。

古刹萧条委草丛，一诗千载属张翁。
姑苏城外寒山寺，夜半钟声迁日东。

在返回的途中，我亦目睹了被用作枫桥镇镇名的枫桥。这座石桥连接着一条狭窄的街道。桥旁矗立着一棵柳树，桥下泊着一艘小船，除此之外，别无他物。河水流量甚微，实在缺乏吸引力。所谓的名胜古迹，往往名不副实，实际内涵寥寥无几，这一点在日本亦是如此。历经千年的风雨侵蚀，名胜古迹本就难以保持原貌。在酷热的季节游览这些名声显赫之地本就是个错误，更何况是在长江上游的壮丽自然景观已深刻印入脑海之后。回程时，我参观了留园，那里的太湖石池边尤为引人注目，池塘周围种植着杨柳和芭蕉，还有几座水亭。相较于园林，园主的宅邸建筑更为广阔，蜿蜒曲折，令人惊叹。北寺塔和虎丘山亦是名声显赫，但因时间所限，我既无参观之机，亦无参观之兴，于是仅在狭窄的街道上漫游，最终抵达了名为"沧浪亭"的园林。尽管我对苏州纵横交错的水道、众多的桥梁充满兴趣——这亦是苏州的特色——或许在水边会有别样的情趣，不知何处便藏有别样的风情，但对于未在苏州过夜的我们来说，既无法领略夜晚的风情，也难以发现白天的景致之美。

　　返回精养轩时已是下午四点半，鉴于时间所剩无几，我们只得匆匆用完点心，随即指示马车驶向停车场，以便搭乘五点钟的班车。晚上八时许抵达北站，塚本与井上两位友人前来迎接。恰如一个月前，我们同车而行，共赴新月花坛，享受了一夜的欢愉，而日期恰巧也是二十八日。沐浴之后，我们在楼上的广间换上浴衣，那种轻松愉悦之感难以用言语表达。

列车思绪

东京高等商业学校、东亚俱乐部《中华三千哩》

东京高等商业学校与东亚俱乐部共同编纂的《中华三千哩》，由大阪屋号书店出版发行。

这里选译该书第94页起"从苏州出发"的部分内容。

《中华三千哩》封面

清晨时分，我从上海启程。乘坐的是沪宁铁路的列车，该铁路连接上海至江宁，即南京。列车座椅采用藤条编织，舒适度一般。然而，此趟列车前往苏州仅需两至三小时，属于"广轨干线"系列，车厢内相对宽敞。座位面对面排列，每排座位之间设有小桌，使用起来颇为便捷。我将随身携带的行李放置在小桌上，一位身着中国传统服饰的年轻列车员随即递上茶水，也将其置于桌上。茶水来自一个容量可观的茶壶，倒入了颜色深沉的茶碗中，这些茶碗似乎因长期使用而沾染了茶垢，甚至有些黏腻。我一边品茶，一边欣赏窗外迅速变换的风景。翠绿的水田与地平线相接，辽阔的平原一览无遗。这片土地曾是群雄争霸的中原地带，无数英雄在此耗尽国力、牺牲生命。岁月流转，历经无数寒暑，往昔的战场如今化作肥沃的稻田，百姓们不再关心君王的更迭，生活安逸而和谐。稻田间，运河交错，碧波荡漾，远处可见船帆点缀于翠绿的稻穗之上。

　　抵达苏州火车站后，预定的客栈已安排好一队驴子在那儿静候。奈佐教授安坐于轿中。驴子性情温顺，不用担忧。然而，众人几乎皆为首次骑乘动物，因此略显忐忑。

雨中游览苏州

大屋德城《朝鲜中国巡礼行》

　　大屋德城所著的《朝鲜中国巡礼行》，于1930年由东方文献刊行会正式出版。

　　这里选译该书第282页起的部分内容。

第一天　晴

　　经过充分的休息，我消除了身体的疲惫。我计划依次游览苏州、扬州以及镇江。此行的目的包括探访寒山寺，瞻仰鉴真大师的遗迹，并攀登金山寺塔——那座曾令足利时代禅僧向往并在雪舟笔下被描绘的高塔。因此，我首先踏上了前往苏州的旅程。

下午三时，我自上海启程，大约两小时后，于傍晚五时许抵达苏州。苏州有一家名为繁酒家的日式旅馆，我下车后便乘坐马车前往该旅馆。我了解到我国的租界位于阊门、胥门、盘门三门之外的东南区域，于是绕道前往一观，发现其位置确实较为偏远。

运河环抱着城墙蜿蜒流淌，沿岸铺设了一条宽阔的大道。从北濠街出发，穿过阊门，经过南濠街，再从胥门外大街步入热闹的市集，随后继续前行至郊外，绕行至盘门。由于路程遥远，加之我独自一人，旅途显得颇为乏味。终于，几栋房屋映入眼帘。马车在房屋前缓缓停下。女服务员与掌柜迎上前来，我确认了此地正是繁酒家无疑。若早知如此偏远，无论如何我也不会乘坐马车，跋涉如此遥远的路程前来。这实在令人难以置信。

租界内日本居民大约仅有八十人，整体氛围显得格外冷清与孤寂。在这片寂静的草地中，唯一的日本旅馆显得格外突兀。当我踏入旅馆，发现似乎只有我一位客人，四周一片静谧。

沐浴于日式澡堂之后，我返回了住所。随着日光的消逝，天色逐渐呈现出一种异样的状态。突然间，北向的玻璃窗传来敲击声。原来是一场暴雨的降临。这场雨来得急去得也快，不久便停歇了。由于今日天色阴暗，月亮无从得见，我只得留在室内，翻阅观光导游手册。我已顺利抵达苏州，这里的雨景宛如一幅水墨画，但此刻我所感受到的郁闷与无聊，实在是难以用言语表达。

店内工作人员向我递上了旅客登记簿，以便我完成填写。闲暇之余，我翻阅了登记簿，发现确实有众多旅客在此留宿。其中，画家占据了绝大多数，其次是因欧洲航线途经此地的旅客，再次是官吏和从事药品销售的商人。画家的存在自不待言，而药商之多，确实是在中国方可见之现象。据闻，这些同胞皆因慕寒山寺之名而来，可见"月落乌啼霜满天"诗句影响力之深远。

可能由于降雨量未达到预期，天气显得异常闷热。在似睡非睡的状态中，天色已渐亮。不久之后，雨又重新开始落下。

🌿 第二天　晨雨，十一时左右开始放晴 🌿

　　我乘坐人力车，准备启程游览名胜古迹。女服务员向我推荐了寒山寺、西园、虎丘、留园等几个值得探访的地方。我决定首先前往众人纷纷慕名而来的寒山寺。

　　沿着城郊的田园小径行进，不久便抵达了寒山寺。据闻，此地距离苏州城约三英里。正如先前所闻，这是一座由土坯墙构筑而成，外观略显陈旧的寺庙。枫桥亦位于不远处。若非《枫桥夜泊》的诗情画意，此地或许仅是一个令人不愿多加驻足的平凡小庙。若与古琴台相仿，倒也罢了。我仅匆匆一瞥便匆匆离去，却未料到寺内的僧侣注意到了我，并用流利的日语向我介绍："先生，'月落乌啼霜满天'的景致便在此处。"他邀请我参观。我心想，亲身体验总胜于道听途说，或许一观亦能增长见识，便随他前往。回廊中陈列着《枫桥夜泊》的诗碑，几位工匠正忙碌地制作拓本，作为纪念品销售。寒山寺始建于唐代，如今却化为眼前这座土坯构筑的庙宇。昔日文徵明所书的诗碑已然破碎，现存的诗碑则是采用清末名儒俞樾的版本，刻制于光绪丙午年（光绪三十二年，1906）。我虽非怀旧之人，但此地无论是环境还是诗碑，皆未能引起我的兴趣。僧侣面带得意之色，用日语流畅地吟诵"月落乌啼霜满天"的诗句。或许由于日本游客众多，寺中人逐渐习得此诗句，见到日本游客便热情介绍。随后，僧侣在接待室为我沏茶，并立即向我展示拓本纪念品。我匆匆离开了寒山寺。此次游览，唯一令我感到有所收获的是见识了中国传统的拓印技艺。

　　此刻，细雨纷飞。我重新乘坐人力车前往西园。不久，一座宏伟的寺庙映入眼帘。此地名为"西园戒幢寺"。恰逢其时，僧侣们正在举行列队行经的仪式，颇具难度。留园，即盛宣怀的私家园林，若要参观则须支付门票。这是一座人造的、颇具中式风格的美丽园林，然而对于日本人而言，其吸引力似乎并不显著。

虎丘禅寺坐落于虎丘山上，是一座规模宏大的寺庙。雨后初晴，一座八角形的七层砖塔高耸入云。相传吴王阖闾的陵墓就位于此地，砖塔周围布满了众多石碑。古时，阖闾与越王交战，被敌军将领灵姑浮以戈击伤，最终不幸身亡，其遗体被安葬于此。阖闾墓的建造动用了十万工人，挖掘深达十里，制作了三层铜椁，以水银为池，并陪葬了三千柄宝剑及众多宝器。这真是一场奢华的长眠。

我再次前往剑池，目睹了颜真卿所书"虎丘剑池"四字巨刻。我沿着缓坡拾级而上，抵达了正堂。此处有一块点头石，相传竺道生曾在此以群石为听众，讲解《涅槃经》，群石闻法点头，因此得名。竺道生，作为鸠摩罗什门下"关中四杰"之一，提出"顿悟成佛"及"一阐提人皆有佛性"等观点，却因此在当时长安的僧团中受到排斥。他游历至江南，最终抵达同门僧人道壹所驻锡的虎丘禅寺。继竺道生之后，昙谛、隋若、智聚、智琰、法恭、僧瑗等高僧亦先后在此地讲经说法。据传，大砖塔始建于隋文帝仁寿年间，后于宣德年间遭遇火灾，至正统年间由巡抚侍郎周忱主持重建。

在堂内，一座产自日本的钟罕见地悬挂着，其上铭刻着铭文。这座钟体积不大，轻触之后，会发出细微而悠远的声响。钟上的铭文内容如下：

贞享第四丁卯年五月十三日

捐赠人

当山中兴开基大僧都日顺上人

纪州海士郡吹上白云山报恩寺开基

     大僧都日顺志

    纪刕住文殊重国

   铸造工匠　藤原家次

雨终于止息，阳光穿透云层洒落。诸如玄妙观、北寺塔、天平山、灵岩山等众多名胜，尚待细细品味，然而我必须启程前往扬州。带着些许遗憾，我只能远远地凝望这些地方，随后搭乘下午的特快列车前往镇江。

苏州城呈长方形，南北延伸三英里半，东西横跨二英里半，四周由城墙环绕。城墙之上设有六座高达二十英尺的城门。该城人口大约五十万，古时曾是吴国的旧都。它坐落于大运河与苏州河的交汇处，通过水路可以便捷地抵达镇江、杭州、上海等地。城内河道纵横交错，石桥众多，有"姑苏三千六百桥"之说。小街小巷中店铺林立，家鸭成群结队地叫。洗菜的女子、赶牛的牧童，苏州水乡的景致宛如画卷，在微风细雨中漫步郊外，连心境都会变得平和。

我凝视着北寺的塔尖，告别了苏州，沿着运河继续前行。江边的平原辽阔无垠，水天一色。其间隐约可见的帆影，是运河上来往的民船。运河旁散布着小村落，河边系着小船，宛如一幅画中景致。经过无锡、常州之后，一座高塔映入眼帘。那便是金山寺的高塔。午后两点左右，我抵达了镇江火车站。

1931

诗中之人

日本东京府立第一商业学校校友会《行走大陆》

《行走大陆》封面

《行走大陆》由日本东京府立第一商业学校校友会编,于1931年出版。

这里选译该书第110页起的部分内容。

在黎明的朦胧中,水牛在杨柳树的庇荫下安详地沉睡于田埂之上。我沉浸于这幅宁静的画卷,于清晨四点五十分左右抵达了水乡苏州。我租借了一艘小船,沿着运河缓缓前行。清晨的微凉空气令我感到舒适。领事馆的匹田、古田两位先生前来迎接,我请求他们引领我游览苏州。我们穿过绿意盎然的田间小径,大约一小时后抵达了虎丘。下船登岸，拾级而上，我们来到了"千人坐"。古塔在晨雾的轻纱中若隐若现，高耸入云，天空中鸟儿欢快地鸣叫着飞过。相传秦始皇东巡至此，曾派遣人挖掘宝物，却突然出现一只猛虎，阻止了他们的挖掘工作。因此，这个地方便以"虎丘"命名。在被长满青苔的岩石环抱的清泉中，水草摇曳生姿，泉水清澈见底。这里被称为"剑池"。据传，千年前吴王阖闾下葬时，陪葬了无数金银财宝。据说知晓此事的修墓工人皆被斩首，而正是在此池中清洗斩首的剑上的血迹的。我们在剑池畔享用过早餐后，前往虎阜禅寺。虎丘的荒塔始建于仁寿年间，如今塔身倾斜，出现裂缝，裂缝中长满了茂盛的杂草。我们再次乘船，在细雨蒙蒙中沿着运河前往寒山寺。抵达后，期待的心情彻底破灭，枫桥的景象令我们惊愕不已。哪里还有"江枫渔火对愁眠"的意境……我在这里购买了一份诗碑的拓本。随后，我们再次乘船前往留园。留园被誉为"江南第一名园"，拥有池塘、桥梁、回廊、亭台，树木繁茂，是一个极其雅致的庭园。之后我们离开留园，乘船返回火车站，接着前往北寺塔。我们穿过城门进入城内，一座高耸入云的八面十三层宝塔映入眼帘，那便是北寺塔。我们购买了门票，攀登至塔顶，俯瞰四周，平原尽收眼底，无数湖泊在阳光照耀下如同镜面般闪烁。如此美景，连我等凡夫俗子也仿佛化身为诗中之人。远处的虎丘和太湖亦清晰可见。我们在火车站用过午餐，下午两点十五分启程前往上海。抵达上海是下午四点。这是在国外的最后一天，我们匆匆忙忙地外出购买了一些特产，直到晚上十点左右才返回。整理好行李箱后，终于得以安睡。明天即将乘船返回日本，我在回忆这一个月的旅行轨迹中，逐渐进入了梦乡。

寒山寺印象

佐藤恒二《最近华南瞥见》

《最近华南瞥见》一书由佐藤恒二于1931年出版。佐藤恒二，一位医学专业人士，于书中对寒山寺的寺铭进行了深入的考证。

这里选译该书第19页起的部分内容。

乘坐特快列车从上海出发，大约两个小时后即可抵达苏州。自古以来，有言"上有天堂，下有苏杭"，苏州与杭州并驾齐驱，同为风景秀丽、历史悠久的古城。苏州，作为中国南方的文化重镇，其建城历史可追溯至春秋时期，著名的吴越争霸战便在此地展开。自隋朝起，该地便以"苏州"之名著称。在江苏省内，苏州仅次于省会南京，是人口约五十万的大城市，市内商铺林立。由于街道较为狭窄，马车和汽车难以通行，人们通常选择人力车、轿子，或骑驴穿梭于闹市之中，铃声叮当，构成了一幅纯正的中国风情画卷。

　　苏州拥有众多的历史文化遗产，然而，寒山寺在日本享有极高的知名度，其他同样具有历史价值的景点却鲜为人知，这实在令人感到诧异。——实际上，在中国人的视角中，寒山寺并非特别突出的地标——从华南返回日本时，被频繁询问的总是"寒山寺的状况如何？枫桥的景致怎样？"这种现象的成因，在于唐代诗人张继的七言绝句《枫桥夜泊》在日本广为流传，且该诗作在初中教科书中被用以介绍"寒山寺为中国极具代表性的文化遗产"。然而，在我看来，多数所谓的名胜古迹在实地探访后，往往发现它们并不如预期般引人入胜，寒山寺更是其中的典型。尽管如此，接下来我仍打算对寒山寺进行一番叙述。

　　寒山寺拥有悠久的历史，始建于一千多年前。不幸的是，该寺历经五至六次火灾，除诗碑外，大部分建筑均遭严重破坏。

　　《枫桥夜泊》的诗碑，最初由宋朝王郇公所书，不幸的是，在一次寺庙火灾中，原碑灰飞烟灭。明朝时期，文徵明所书的版本亦在另一场火灾中遭到损毁，遗失于废墟之中，直至近年对寺庙进行修缮时，才得以重新发现并妥善保存。然而，由于长期的磨损，原碑仅能辨识出寥寥数字。目前所见的诗碑，乃清朝末年光绪三十二年（1906）由俞曲园所重书，其拓本详见下文。

　　　　月落乌啼霜满天，江枫渔火对愁眠。
　　　　姑苏城外寒山寺，夜半钟声到客船。

　　寒山寺旧有文待诏所书唐张继《枫桥夜泊》诗，岁久漫漶。
　　　　光绪丙午，筱石中丞于寺中新葺数楹，属余补书刻石。

俞　樾

以上所述为寒山寺的概况。苏州的名胜古迹还有很多,但是时间的关系我就省略不谈了。

漫步于运河之畔

吉野圭三《滞华漫录》

吉野圭三所著的《滞华漫录》出版于1932年。

这里选译该书第83页起"苏州行"的部分内容。

十一月十六日清晨七点零五分,我登上了自上海北站发车的列车,目的地是苏州。相较于苏州城内外的寻常名胜古迹,我们一行人更倾向于探访位于城西数千米处的天平山,欣赏那里的红叶。大约两个小时后,我们抵达了苏州火车站。由于行程已预先安排妥当,特产店的老板特地前来迎接我们。该特产店的总部位于上海,同时在苏州等地设有分店,不仅销售中国各地的特产，还提供名胜古迹的导游服务，对于日本游客而言，这是一项极为珍贵且难得的便利。在特产店老板的引导下，我们迅速在火车站前乘坐上了运河画舫，向着天平山进发。这是我第二次乘坐画舫。第一次是在大正十一年（1922）参加会议时，在济南受到中国委员的热情接待，乘坐了大明湖上的画舫，那一夜我们玩得非常愉快。乘坐画舫，实乃体验中国传统文化之独特方式。

画舫，顾名思义，其船体装饰华丽，色彩斑斓，设有顶棚。船舱内部，墙壁与天花板亦绘有缤纷图案。舱内陈设了桌椅，并供应老酒与中式佳肴。鉴于我们一行人携带有威士忌与便当，故仅向船家请求提供茶水。

运河两岸的秋色，实乃美不胜收。左侧，狮子山宛如沉睡的雄狮，河岸边，村民骑着驴子缓缓前行，农民在后院打麦秆，柿子树上小鸟啼鸣，孩童追逐山羊，一派浓郁的江南秋意。约三小时后，我们抵达天平山脚下。

我们离开画舫，步行数町，前方展现一座坡度平缓的小丘。越过小丘，一片繁茂的枫树林映入眼帘。秋阳下，枫叶闪耀着耀眼的光芒，与周围常青树的绿意交织，宛如一幅日本南画。在几棵高大枫树的阴影下，白云寺的古雅瓦房顶若隐若现。该寺庙背倚天平山。站在寺前仰望，满山奇峰怪石，突兀凌空，蔚为壮观。我们沿着寺庙西侧的山道攀登，山道入口处的石门上刻有"登天平路"字样。穿过石门，可见背山门额上刻着"万笏朝天"，此四字生动描绘了眼前的景象，令我心生共鸣。漫山遍野的奇石，状如朝笏，层叠而立，直指苍穹。"万笏朝天"四字，将此情此景描绘得淋漓尽致。

我们在堆积如山的巨石间穿梭，沿着狭窄且险峻的山路攀登。秋日的阳光洒落，我们逐渐感受到了汗水的浸润。当攀至半山腰时，视野豁然开朗，仿佛将山麓的枫林与白云寺置于脚下。无边的苏州旷野、巍峨耸立的灵岩山以及宛如大海般浩渺的太湖，皆一览无遗地展现在眼前。

如此壮美的景象令我目不转睛，沉醉其中，不愿离去。于是，我选择在一块巨大的岩石上静坐，凝视着眼前的美景，一动不动。与此同时，同行的伙伴们已经登顶并开始下山。他们告诉我，从半山腰和山顶所见的景致相差无几。考虑到自己也已疲惫不堪，我便决定与大家一同从这里下山。我们在白云寺前稍作停留，欣赏了片刻的枫树，最终依依不舍地沿着原路返回，再次乘坐画舫，在傍晚时分抵达苏州城外。

在夜幕降临之前，我们再次前往了那座因唐代诗人张继的名句"月落乌啼霜满天"而闻名遐迩的枫桥。这座桥横跨在一条狭窄的运河之上，它并非特别雅致，而是一座规模较大的石拱桥。实际上，它可能并不符合某些人对古典美景的想象。尽管这首诗创作于唐代，但今日的枫桥与诗中描绘的景象应无太大差异。因此，那些在阅读《枫桥夜泊》后怀揣着对诗中描绘的古典风光无限憧憬的人，若带着过高的期待来到此地，可能会感到失望。我早已得知这一情况，因此并未对这里抱有任何期望，原本也未计划参观，只是因为时间充裕，便顺路来此一游。然而，恰逢黄昏时分，枫桥在黑色河水上显得格外突出，成群的归鸟不时掠过天际，飞向远方的林间，几艘帆船在江面上留下黑色的倒影，匆匆驶向归途。尽管未能听到寒山寺的钟声，但此刻，我似乎能够感受到那首诗所传达的意境。

趁着天色尚未暗淡，我们前往了距离不远的寒山寺进行参拜。这座寺庙隐匿于几栋破旧的郊外商铺之间，由于历次火灾的破坏，其外观与唐代初创之时已大为不同。此外，由于在日本享有盛名，吸引了众多游客，寺庙为此进行了修缮。尽管修缮本身是积极之举，结果却令人遗憾，寺庙的风貌变得庸俗，甚至沦落为一座普通的郊外小庙。正堂一侧的钟楼内，曾唤醒"夜半客船之梦"的古钟已不知所终，现悬挂的是复制品。踏入寺门，右手边回廊的墙壁嵌有《枫桥夜泊》的诗碑，文徵明所书的古碑曾遭破坏，虽经修复，字迹已模糊不清。新诗碑上的字迹出自俞曲园之手。寒山寺的僧侣制作诗碑拓本，并现场销售。我遵从长子之托，取出集印帖，请求僧侣为我加盖寺印。僧侣理解后，挥笔写下"姑苏城外寒山寺。住持静如"等字，并在集印帖封面上题词"集印帖。静如"，随后加盖寺印及个人私印。完成之后，要求我支付一元费用。尽管静如僧侣展现出商业化的一面，但我认为其行为仍值得肯定。当时正堂正准备进行晚课，众多僧侣聚集，其中一位看似为首的僧侣执笔题词。到了盖章环节，却发现印泥罐底的印泥干硬，似乎久未使用。僧侣吩咐下人取来朱砂粉和水，现场调制朱砂印泥。我提出支付一些小费，但对方并未接受。

　　随后，我们一行人离开寒山寺，顺道前往城里的特产店分店逛逛。晚餐享用了一顿鸡肉寿喜烧后，我们返回了上海。

游览此地

中里介山《游于处々》

中里介山所著的《游于处々》，于1934年在东京出版发行。

中里介山（1885—1944），日本小说家，原名弥之助，出生于东京都西多摩郡。他最初接触了托尔斯泰的基督教和俄国社会主义思想，后来受到佛教思想的熏陶，形成了独特的世界观。1903年，他结识了木下尚江，并与山口孤剑、白柳秀湖等人共同编辑《火鞭》杂志，同时为《平民新闻》撰稿。1906年，他发表了处女作《今人古人》，随后进入新闻社工作，在该报连续发表了《冰花》《高野的义士》《岛原城》等作品，从而声名鹊起。从1913年开始，他连续发表了长篇小说《大菩萨岭》，赢得了众多读者的喜爱，并确立了他在大众文学领域的创始者地位。1920年后，他迁居乡下，开设了私塾，并开始了四处漫游的生活。在第二次世界大战期间，他因拒绝加入军国主义文学组织——日本文学报国会而受到后人的赞誉。

这里选译该书第23页起的部分内容。

《游于处々》封面

第一日

自上海至苏州，大约要两小时。据闻，抵达苏州站后，城墙与塔楼便映入眼帘，成为继第一站之后的第二站。我遵循此言，于苏州站下车。

苏州站乃一座宏伟的车站。苏州不仅历史底蕴深厚，自然风光旖旎，其产业实力亦颇为可观。

自苏州站下车后，我与来自大阪外语学校之吉野教授互换了名片，并与他们同行——实际上，是我主动加入了他们的团队。

苏州仅有一家日本旅馆，名为"繁酒家"。繁酒家坐落于苏州的二马路区域，然而从车站至繁酒家的距离颇为遥远。因此，我与大阪外语学校一行人共同乘坐船只，沿着运河前往繁酒家，并计划下榻于此。繁酒家的掌柜亲自迎接我们，同行的还有毕业于大阪外语学校，目前在苏州一家纺织公司工作的爱媛县人池田君，他将担任我们的向导，引领我们游览苏州。

岸边停泊着一艘由汽艇牵引的画舫。我与来自大阪外语学校的二十四名师生共同登上了这艘画舫。五月的天气，雨意朦胧，却始终未见落下，空气中弥漫着令人感到压抑的闷热。尽管如此，画舫却迟迟未启航，似乎在等待着什么。即便心中焦急，我们也不能随意离开船只。据他们所言，我们正在等待巡警的到来。

至于我，是偶然间在苏州站下车的，而大阪外语学校的一行人则是事先计划好来苏州进行游览活动的，因此有安保人员随行保护。

毕竟此处乃中国，当前正值排日情绪高涨之际，政府出于善意，特意安排了安保措施。最终，两位全副武装、配备手枪的中国巡警抵达现场。

船只终于起航。

不久，船只驶入了苏州城墙之外的运河区域。

首先映入眼帘的是苏州城的城墙，其壮观程度令人叹为观止。天真的学生初见城墙，竟误以为是万里长城的缩影。确实，苏州城墙与长城一样，拥有错落有致的垛口，彰显着悠久的历史。城墙的长度约相当于日本里数的八里，将整个苏州城紧紧环抱，其宏伟令人肃然起敬。坦白讲，若对苏州城墙如此惊叹，那么面对南京、北京的城墙以及真正的万里长城又该如何评价？然而，城墙外的护城河与城墙相映成趣，构成了一幅壮丽的画卷。此外，一座古朴而岌岌可危的高塔矗立在城墙之外，俯瞰着我们缓缓行驶的小船。河岸边，杨柳依依，民宅错落，小船穿梭，以及名副其实的"苏州三千六百桥"——那些石桥，都为这座城市增添了无尽的魅力。

苏州之所以被誉为"水城"，也因其桥多而著称。所谓的"苏州三千六百桥"，皆为石桥，既有平坦的平板桥，也有优雅的拱桥。桥梁的建造虽不刻意追求奇巧，却自然流露出巧妙的设计。

最终，我们的船只靠岸，我们踏上了位于二马路的繁酒家的码头。

起初，我预期苏州的日本旅馆会是类似万岁馆那样的豪华酒店，应能轻易获得导游服务，并且能够便捷地租赁汽车或马车。然而，繁酒家是一座极为简朴的日式建筑，仿佛传统的驿站，由女性经营者管理，雇佣了女性服务员，仅有一名导游兼翻译。

我们在旅馆稍作休憩，享用过午餐后，终于迎来了游览苏州的时刻。

今日的行程主要集中在城外的景点。根据吉野教授和池田君的计划，本应与昨日相同，乘坐船只沿着运河前往预定的景点附近上岸进行游览。然而，这条运河向我们展示了意想不到的诗意美景。天空中倾盆大雨，我却不禁欣喜，这场暴雨为我提供了深入了解苏州的机会。

我们在满溢的河水中，沿着或宽阔或狭窄的运河，在苏州城外进行了一次难以用言语描绘的旅行。

运河的两岸布满了中国传统风格的建筑，古朴典雅。令人赞叹的是，那些书写精美的巨型招牌，在昏暗的光线中熠熠生辉。岸上不时可见刻有表彰文字的石碑、寺院的门扉以及石狮子。运河上船只众多，其他船上的人纷纷探出头来，好奇地望向我们的船。其中不乏孩童，身着传统服饰、头发中分的英俊青年，以及手持大碗边用餐边观察我们的女性。许多人站在石桥上，一边注视着我们，一边低声交谈。似乎已至水路尽头，转瞬间却又展现出相似的河岸、建筑与风光。每户人家紧邻水边，构成了一幅别致的景致。尽管我未曾踏足水城威尼斯，但我认为苏州古朴的水网规模与威尼斯相比，亦毫不逊色。常有日本画家来此地采风，似乎日本以往的某些展览也以此地为取材地。然而，为何至今没有一幅画作、一个展览能够真实地展现苏州的气魄呢？

　　我们穿越河流、跨越桥梁，在狭窄的河道中体验了近在咫尺的岸边风光。随着河道逐渐拓宽，经过一段无民居的河段，我们最终在一座看似宏伟却略显简陋的拱桥下停船登陆。询问向导此处何地，他告知我们，此地为在日本声名远扬的枫桥。右手边便是寒山寺。我们抵达了所谓的"姑苏城外寒山寺"。

　　"姑苏城外寒山寺"出自张继之诗，此诗在日本的知名度甚至超过了在中国。尽管名为"枫桥"，但现今桥下已无枫树。我推测，或许往昔这里更具风情，寒山寺曾经可能是一个更加壮观的寺庙，但如今已不见昔日辉煌。对于日本人而言，即便其他名胜古迹可能被忽略，此处却是必访之地。因此，为了吸引日本游客，此地亦进行了特意的修缮。

　　张继诗作的石刻，由文徵明所书，如今仅存残迹，碑面破损，仅能依稀辨认出"月落乌啼"中的"啼"字，以及"文徵明"中的"徵"字。此石刻的复原，乃应日本访客之请而尽力为之。即便如此，寺庙方面仍将这块破损的石碑制作成碑拓进行销售。此外，还有一块由近代书法家俞樾所书的石碑，其上文字清晰可见，然而其笔力显然无法与文徵明的书法相提并论。至于"夜半钟声"的古钟，已不复存在，取而代之的是一口由日本捐赠的钟。寺庙僧侣为了满足日本人的喜好，销售书画、碑拓等物品。

在参观完寒山寺后，我们继续乘船穿越河流。经过一段时间的航行，我们下船登岸，来到了一座规模远超寒山寺的宏伟寺庙前。山门上刻有"西园震国戒幢律寺"的字样。寺内供奉着中国风格的佛祖像，以及金箔装饰的五百罗汉木雕，这些雕像体型庞大，工艺精湛，保存状况极佳。在日本，仅东京目黑区存有一座五百罗汉像，但其保存状况与这里的相比，显然逊色许多。从这一点来看，中国在保护这些文化遗产方面显然比日本更为周到。

…………

继续乘船前行，我们参观了著名的留园。该园原为富豪盛宣怀的私宅，现已向公众开放。留园是中国为数不多的豪华园林之一，园内长廊交错，宛如迷宫。每条小径旁均设有假山，形态各异，仿佛抽象的花鸟。庭园布局精致，园中有一棵据称极为珍贵的白皮松。尽管这座庭园和宅邸令人赞叹，但若与北京的园林相比，则相形见绌。即便是留园中被视为珍宝的白皮松，在北京亦随处可见。白皮松以其平滑如白桦的树干和三针一束的特征而著称。

随后，我们再次乘船前往虎丘山。我们的船只沿着水路缓缓航行，沿途可见房屋、桥梁、船舶，以及一望无际的湖面。这里拥有自吴楚时代以来的悠久历史。我们还目睹了一座不高但形态奇特的山。

在四处可见桥梁的景象中，既有呈弧形的拱桥，也有简单朴素的平板桥。由于雨水的增多，水位上升，道路被淹没，然而平板桥依旧能够浮于水面之上。岸上行走的人们通过一座桥接续至另一座桥，以此来辨识前行的路径。可见，桥梁的建设亦是为应对洪水泛滥而做的周密准备，平板桥在水面上漂浮，成为指引道路的标志。不愧为水乡，桥梁的结构与风情兼具实用价值与巧妙设计。此外，每座桥梁均拥有其独特的名称，命名风格蕴含着中国传统文化的含蓄与雅致。尽管我无法一一记下所有桥梁的名称，但仍记得其中一座名为"大万户侯桥"的。即便是仅五六米长的桥梁，也各自拥有其雅号。同时，每座桥梁都能唤起人们对乡村才子与村中少女爱情故事的遐想。沿着河流，有一座宏伟而似乎荒无人烟的独立建筑。其黑色的墙壁上以白色大字标示着"四明殡舍"，让人不禁好奇这栋建筑的用途。询问向导后得知，原来这里是中国人用以存放逝去亲人棺椁的场所。

我们终于抵达了虎丘山脚下并登岸。

随后，我们开始攀登虎丘。由于我对大阪外语学校师生的行程安排一无所知，我只能盲目地跟随他们一同游览，因此并不清楚我们所到达的是虎丘山。直到开始登山，他们才向我透露了这一信息。虎丘山是一座高耸的丘陵，攀登过程中，由于连绵的雨水，山上的积水情况相当严重。即便如此，学生依然成群结队，热情洋溢，争先恐后地购买团扇、风景照等纪念品。

虎丘山是吴王阖闾的安息之地，也是吴越时期著名的古迹。

虎丘山亦称"海涌山"，据《吴越春秋》记载，阖闾葬于虎丘，动用了十万人进行治丧。葬礼持续了三天，其间金精化为白虎，蹲踞于墓上，因此得名"虎丘"。此外，山中还有一个剑池，其名源于池下埋藏的陪葬宝剑。

剑池坐落于两座悬崖之间，池内蓄水，虽非广阔，却透出一股古朴的气息，引人深思。攀登至剑池上方，可见一座桥梁凌空飞架，从桥上俯瞰，剑池宛如一口深井。池畔的石崖上镌刻着众多碑文，其中可见冷香阁的遗迹，一座岌岌可危的古塔，以及日本贞享年间由纪州和歌山捐赠的古钟。此外，还有颜真卿、苏东坡所书的石碑。剑池前方矗立着一块名为"千人石"的巨大岩石。综观此地，能让人感受到吴越时代两千年前的历史氛围。虎丘塔共有七层，据传建于隋朝仁寿四年（604）。直至近年，游客仍可登临其上，但如今已禁止攀登，并且塔身已现倾斜。若不及时进行修缮，塔的倒塌将不可避免。在日本，此塔无疑会被

列为特别保护的历史建筑,然而在中国,它却处于如此破败的状态。为此,特为虎丘题诗一首:

虎丘无虎影,剑池只留名。
吴越兴亡迹,萋萋草葛生。

苏水三千六白桥,一桥一水尽情调。
画舫回棹运河曲,两岸异风魂欲销。

今日的游览活动到此结束,现在返回旅馆。

第二日

鉴于须在苏州多停留一日,今日遂租赁人力车与驴子,以游览苏州城。

昨日已预订二十余辆人力车及驴子,天色未明,车夫们便在旅馆门前静候。然而,我们一行人用餐及准备出发耗费了颇多时间,直至上午九时方得启程。

吉野教授选择骑驴,学生自昨日起便对骑驴充满期待,并邀我同行。尽管骑驴颇具乐趣,但考虑到当前天气,骑驴难免会被淋湿,故我决定乘坐黄包车。黄包车与挂有铃铛的驴子队伍穿梭于苏州城内外,形成一道独特风景,吸引了众多市民驻足观赏。

今日与昨日相同,亦有两名携带枪械的巡警随行。来自大阪外语学校的池田以及一位名为鸿先生的旅馆翻译担任我们的向导。自城外进入城内,城门前横跨着一座桥梁。此桥较为宽阔,呈拱形,规模宏大,行人须下车步行方能过桥。

我们在狭窄的街道上,在熙熙攘攘的市集中穿梭前行。

我们参观了开元禅寺的无梁殿，这是一座由石头堆砌而成的拱形楼阁，其独特之处在于既无梁也无柱。几年前，帝国大学的一位博士亦曾到此进行研究。在附近的草地中，矗立着一座名为"瑞光塔"的古迹。据传，瑞光塔已有千余年历史。开元寺内还有一座敕旨藏经阁。

　　随后，我们参观了苏州孔庙。该庙宇的规模甚至超越了北京孔庙，其建筑群雄伟壮观，包括牌坊、回廊以及宏伟的庙宇大殿。然而，在民国时期，由于对儒教的压制，孔庙逐渐走向荒废。

　　在大圣殿前的戟门旁，可见著名的《天文图》和本庙重建碑。用于祭奠孔子的大鼓及其他祭祀物品被摆放着。继续前行，便来到大圣殿，其正面高悬着"万世师表"的巨匾，笔法庄重。右侧是"圣众大成"的匾额，左侧则是"圣协时中"的匾额。

　　随后，我们参观了苏州美术学校及美术馆。该处的教学与收藏主要涉及一些较为初级的西洋画作。

　　接着，我们游览了沧浪亭，此地曾是宋代文人苏子美的居所。

　　继而，我们参观了玄妙观。该观为道教圣地，山门上悬挂着"妙一统元"的巨匾，沿路小贩摊位林立，直至正殿三清殿门前，熙熙攘攘的景象令人联想到日本的浅草寺。在三清殿内，十余名道士正虔诚地诵经礼拜，他们身着特异的法衣，发髻高挽。大殿两侧及后方，挂满了廉价的版画、卷轴和画像，供人选购。

　　在游览拙政园之后，一行人选择在户外享用便当并稍作休息。

　　随后，他们前往市中心选购纪念品及当地特产。

　　苏州城内有一处经过都市改造的区域，这里汇集了众多西洋风格的店铺，尽管尚未开通公共交通。绸缎、丝绸等地方特产亦在此处有售。

　　学生纷纷选购价格仅为两美元的时钟作为纪念品，其价格甚至低于日本的一圆，因此作为回国的纪念品非常适宜。

　　接着，他们乘坐黄包车在市内游览。狭窄的街道、突如其来的阵雨、街边遮雨棚上被风吹起的水花……骑驴的队伍尽管被雨水淋透，但依旧兴致勃勃地继续前行。光着脚的小孩跟随着他们奔跑，而毛驴脖子上系着的铃铛发出清脆的叮当声，这一切构成了一幅别具韵味的景象。

随后，我们前往北寺。该寺亦称"报恩寺"，由吴国的孙权所建。尽管寺内的庙宇在太平天国运动期间被焚毁，但明代重建的北寺塔至今仍巍然屹立。北寺塔对外开放供人登临观赏。正如从日本京都东部进入京都城的旅人能立即望见东寺塔一样，从苏州南部进入苏州的游客首先映入眼帘的便是北寺塔。北寺塔登顶后可欣赏到极为壮观的景致。该塔采用石质骨架与木质结构，其建造精细，高度超群，由于四周多为平坦地带，从塔上可以一览无余。

参观了上述诸多历史遗迹之后，我们返回了旅馆。当日，旅馆迎来了东京帝国大学的教授及其学生团体，所有房间均告客满。学生不得不多人共住一室，而我则独自享有一个狭小的单人间。我感到颇为羞愧，遂向吉野教授提出共住的邀请，然而他婉拒了。吉野教授一行中，有几位成员身体不适，他决定将他们护送回上海。

我本计划今日下午返回上海，却因错过列车而不得不推迟行程，今晚将继续留在苏州，预计明日上午九时再启程回上海。虽然最初并未计划在苏州停留，却意外地在此地度过了两个夜晚。对此我并不感到遗憾，反而可以说是意外地获得了丰富的体验。似乎连上天也意欲让我更多地欣赏苏州的风光，刻意延缓了我的离别。

苏州两日的体验成为我此行的意外之喜，我期待将来有机会再次造访，深入体验水乡的魅力，并计划探访此次未能一睹的宝带桥，细致地再次游览这里的山川景致。

当天早晨，天气晴朗，阳光灿烂，旅馆窗外的树叶呈现出生机勃勃的绿色，雨后的空气格外清新。我原本预期全天都将保持这样的好天气，然而，不愧是梅雨季节，天气变化无常。

第三日

今日，我计划查询是否有列车前往南京，若有，则前往南京；若无，则返回上海。我向大阪外语学校同行者告别后，独自先行启程，乘车穿越苏州城，前往苏州火车站。

我指示车夫尽量选择昨日未行驶的路线前进，车夫在车上一边审视地图，一边留意着前方的路况。

经过昨日路过的北寺塔，穿过城门，驶向城外。

终于抵达检票口，进入站台后，大阪外语学校的一行人亦抵达，翻译鸿先生亦在场。为确保无误，鸿先生将吉野教授与我的车票一并呈交站长审阅，均无任何问题。

列车几乎准时抵达站台。

苏州佛教史迹

常盘大定《中国佛教史迹踏查记》

常盘大定所著的《中国佛教史迹踏查记》，于1938年由东京龙吟社出版。在更早前，还有1923年金尾文渊堂出版发行的《中国佛教史迹》一书。1939年，常盘大定、关野贞（1868—1935）所著的《中国文化史迹解说》也由法藏馆出版。三书内容略有重复，其中，《中国文化史迹解说》除了收录了苏州市区的文化史迹外，还记录了昆山等地的史迹。

常盘大定（1870—1945），出生于宫城县仙台市，于1898年自东京大学文科哲学科毕业。此后，他还担任过东京大学文科教授及东方文化学院东京研究所研究员。常盘大定长期致力于中国文化的研究，并著有《佛陀的圣训》《佛性的研究》《中国佛教与儒教道教》等作品。在1920年至1929年，常盘大定曾五度来华，深入考察儒、佛、道教等文化史迹，其足迹遍布华北、华中、华南等地区。受到早期来华考察的建筑史研究者关野贞的启发，常盘大定运用当时先进的黑白摄影技术，并结合拓本、手头记录等多种手段，收集了大量新鲜且生动的资料。每次考察结束后，他都及时整理资料，撰写成文，向学术界及佛教界汇报其研究成果。

这里选译该书中"苏州回顾"部分内容。

上一次的旅程未能安排至苏州，此次务必前往。二月七日夜晚，我抵达上海，次日，即八号，承蒙在洛阳结识的友人的盛情，参观了白云观与龙华寺。九日，启程前往苏州。

苏州不仅有虎丘，还有寒山寺、戒幢律寺、北寺、双塔寺、开元寺、瑞光寺等众多名胜古迹，稍远于苏州城的天平山、灵岩山亦是不容错过的景点。

❧ 虎丘云岩寺 ❧

在东晋时期，竺道生在向石头宣讲《涅槃经》时，石头竟似有灵性般地点了点头。这一传说的发源地，即著名的虎丘云岩寺。道生曾师从竺法汰，后来与南方的高僧慧叡、慧岩一同前往长安，拜于鸠摩罗什门下。在那里，他与僧肇结下了深厚的友谊，两人并称为"南北两大天才"。

....

他前往虎丘，准备在此度过余生。选择隐居虎丘，是因为他的同门师兄弟道壹在此地。此后，便有了向石头宣讲《涅槃经》的佳话。待到《涅槃经》传入中土，经文确实载有"一阐提悉有佛性"的教义，道生的名誉因此得以恢复。随后，竺道生致力于传播《涅槃经》的教义，最终如他所立誓的那样，在法坛上端坐圆寂。道生曾居于南京龙光寺，其墓地位于庐山，但如今，人们能够祭拜道生的地点仅剩虎丘。

虎丘的寺庙，其原址为晋代司徒王珣及其弟王珉的别墅。在咸和二年（327），王珣、王珉兄弟决定将宅邸捐献出来，改建为寺庙。随后，竺法汰的高徒道壹在虎丘寺开创了佛教道场。该寺庙历经变迁，曾被称作"东山寺""虎阜寺""武邱寺""云岩禅寺"，现今则以"云岩寺"之名广为人知。它位于苏州城外西北方向七八里处，一座巍峨的高塔耸立其间，成为云岩寺的标志性景观。寺庙门前的高地之上设有茶馆，供信徒们登高远眺。右侧为现今寺庙的区域。云岩寺的中心地带有一池塘，其后方为寺庙的主体建筑。左侧高地之上建有观音堂，其后方矗立着高塔。池塘中央的遗址，正是为了纪念道生而设立的。池中有一块石头，名为"点头石"，其侧面刻有摩崖石刻，上书"生公讲台"四字篆书，据推测为唐代所刻。当年道生或许就是在此石上讲经说法。石刻左侧有"虎丘剑池"字样，相传为颜真卿所书。然而，"剑池"二字似为宋代人所题，"虎丘"二字则为明代人所书。在"生公讲台"石刻与"虎丘剑池"石刻之间，有一座小阁，初看之下颇似道生讲堂，实则为近代所建，用以摆放吕祖和陈希夷的石刻，乃道教小阁。阁前地面有一块平坦岩石，上置一石幢，据传为后周显德五年（958）高阳许氏所建千人石上的佛顶尊胜陀罗尼经幢，若此说成立，则该石幢应为五代时期的遗物。寺内虽无特别之处，但堂中所悬之梵钟，对于日本人而言，颇具观赏价值。钟上铭文刀刻清晰可见。

此钟显然源自日本铸造。钟身铭刻着"钱塘弟子胡光墉敬助"的字样，揭示了此钟乃中国人士所捐赠。可以推测，此钟背后或许蕴藏着引人入胜的故事。

虎丘的大砖塔，与常见的砖塔一样，呈六角形。我原以为登临塔顶能一览历史原貌，然而塔已荒废，无法攀登。据史料记载，隋朝仁寿年间，曾于殿后建起七层高塔，但至明朝宣德年间遭火焚毁，正统年间由巡抚周忱主持重建。虎丘山寺的起源可追溯至东晋初年，竺道壹为首位住持，随后刘宋的昙谛，梁代的僧若，隋朝的智聚，唐朝的智琰、法恭、僧瑗等高僧相继主持。苏州虎丘山在佛教史上占据重要地位，隋朝时期建造七层高塔亦不足为奇。据载，此塔在明朝遭火焚后重建。然而，从隋朝至明朝，历经唐宋元三朝。现存古塔呈现宋代风格，推测最兴盛时期的临济杨岐派高僧绍隆所建之塔在明代被焚毁，后由周忱重建。与日本寺院不同，即便木结构部分被焚毁，砖造结构仍得以保存，因此重建工作是在原有骨架基础上补建木结构完成的。故此，我认为应以这座塔纪念禅宗绍隆高僧，而寺中池塘则可用来缅怀道生。观音堂内的观音经石刻，虽传为颜真卿所书，实则为熙宁年间的宋代笔迹。

吴王阖闾亦安葬于虎丘。由于此地地形适宜建造陵墓，唐代开元寺的元浩、辩秀等人亦选择此地为安息之所。虎丘分为东西两寺，东晋时期有东山寺，唐代则有西寺。

北　寺

北寺坐落于城市北部。在孙吴时期，该寺被称作"通玄寺"，至吴越时期更名为"报恩寺"，现今则普遍称之为"北寺"。唐代时，该寺建于县城西北一里半之处，而到了吴越时期，寺址迁至现今所在。推测是将支硎山报恩寺的匾额迁移至此，或许意味着两座古寺的合并。后梁时期，一位名为正慧的僧人在寺内建造了一座十一层的高塔，宋代苏轼则捐献铜龟以供藏匿舍利。建炎四年（1130），因战乱，寺与塔均遭焚毁。绍兴年间，行者金大圆发起重建，建成了九层塔，即现存之塔。现今塔的木制外观虽显新意，但其内部砖结构部分仍清晰可见宋代遗风。其保存之完好实属难得，这或许与苏州作为重要名胜古迹的地位不无关系。通玄寺作为三国时期的古刹，唐代初期高僧慧旻律师曾居于此。然而，历经寺毁与重建，至今已鲜保留自古时的遗迹。

❧ 双塔寺 ❧

坐落于苏州城东南隅。始建于唐代咸通年间，初名"般若寺"。至宋咸平元年（998），更名为"寿宁万岁禅院"。熙宁年间，文罕主持建造了两座砖塔，并将寺名改为"双塔寺"。现今，寺内仅存两座古塔，其余建筑已不复存在。恰逢黄昏时分，一轮皓月缓缓升起，悬挂在双塔之上，为绵绵细雨中的旅人带来了心灵的慰藉。

❧ 寒山寺 ❧

坐落于城郊枫桥之畔，此地因枫桥而声名远扬，尤其近来，得益于山田寒山子的关联，成为日本游客游览苏州时必访的胜地。实际上，此地并无显著的寺庙建筑，主要吸引游客的是寺内住持近舟所创作的寒山拾得石刻像，游客多慕名而来，以期亲身体验诗中描绘的意境。寺旁的堂内陈列着明代文徵明所题的张继《枫桥夜泊》诗文，可惜已残破不堪。而在其前方，还有一块由近代学者俞樾所刻的同诗文石刻。钟楼的钟据称是仿照古时寒山、拾得所铸之钟而制，然而此说亦仅为民间传闻。此外，寺前的石桥名为"枫桥"，亦仅是传说。不论枫桥究竟指桥名抑或地名，从《枫桥夜泊》这首诗的意境来看，枫桥似乎不应与寒山寺如此接近。

❧ 戒幢律寺 ❧

在寒山寺与城西城门之间，戒幢律寺矗立于此。该寺庙目前香火旺盛，我们在参拜时，目睹了香客络绎不绝的场面。或许是因为恰逢农历每月十三日的开放日,可以肯定的是,寺庙具有相当的人气。由于其名为律寺,我原以为它必有可观之处。然而,在寺内询问一位僧侣关于教派归属时,他对于是否属于南山律宗或曹洞宗显得一无所知。当我进一步询问是否为临济宗时,他却给出了肯定的回答。在寺内的一堂中,我见到了南岳下第何世的牌位,这表明它确实属于临济宗。然而,作为一名日本人,我对于临济宗与律寺如何结合在一起感到困惑不解。

天平山

在第十日,天气晴朗,我们于早上八时骑驴前往城西二十里外的天平山。途经昨日所见的戒幢律寺,我们目睹了西边天空悬挂的彩虹,这在早晨实属罕见。抵达名为"水塔头"的地点时,十余名年龄各异的村妇携带着山轿前来,争先恐后地招揽生意,这一幕既罕见又令人不禁生出一丝怜悯之情。因感到坐女子抬的山轿有些不妥,出于礼貌,我们还是婉拒了她们,继续向天平山前进。天平山由岩石构成,吸引了众多文人墨客前来。山中有一名为"白云"的泉水,寺名亦由此而来,寺门上题有"古白云刹"。"白云泉"之名,源自白乐天的诗作。白乐天在担任苏州刺史的大和元年(827),该寺建成,直至宋代庆历年间,此地仍被称为"白云寺"。至宋代,因范文正公将其祖父安葬于山下,故此地更名为"功德院",并在此建立了救济粮仓。元末,寺院遭火焚毁,至明代得以重建,即今日所见的白云古刹。寺后有一亭,亭旁矗立着一座白云塔,应为明代建筑。

支硎山

天平山北五里处,是东晋支道林的居所——支硎山寺的遗址。由于当时未识得此地为支硎山寺旧址,未能前往,实为遗憾。支道林与众多名士交往甚密，中年时在此建支硎山寺，晚年则隐居于剡山。唐代，天台学者道遵曾居于此寺。山中还有梁武帝时期所建的报恩寺，因此支硎山又名"报恩山"。由于吴越时期，支硎山报恩寺的匾额已被移至城内，故推测山中的报恩寺可能在宋初已遭损毁。其遗址后建有观音寺，因此支硎山又名"观音山"。同时，因支硎山之名，该寺亦称"支硎寺"，位于山的东麓。这座山见证了历代王朝的更迭，从东晋的支山寺、南朝梁的报恩寺、唐朝的支硎山寺到宋朝的观音寺，其历史变迁仅从记载上难以完全辨识。

灵岩山

位于天平山西南方向七八里处，灵岩山巍然矗立，其上建有敕造崇报寺。昔日，吴王阖闾曾于此地构筑离宫，这一历史遗迹吸引了众多历史学者前来研究。该寺庙历史悠久，始建于南朝梁天监年间。在随后的岁月中，特别是在唐朝天宝年间，支硎山的道遵法师在此开创了灵岩道场，修习法华三昧，此情此景令人叹为观止。道遵法师与荆溪的湛然大师私交甚笃。至宋初，该寺一度成为律宗寺院，至元丰年间，又转为禅宗寺院，更名为"秀峰禅寺"。山门石壁上镌刻着金刚经，以及宣和、乾道两块宋代石碑。

寺庙内矗立着一座砖塔，即便在遥远之处亦清晰可见，吸引着众多游客前来怀古。此塔始建于北宋太平兴国初期，由节度使孙承祐为其姐吴越国妃所建，塔高九层。至万历二十八年（1600）夏季，塔遭雷击起火，木质结构被完全焚毁，如今仅余砖砌的塔身，尽管如此，它依旧是寺庙中最为引人瞩目的景观。塔内供奉着小石佛，推测为宋代遗物。寺庙后方右侧的平地上分布着三个水池：中央为吴王井，右侧较小的圆形水池称为"月池"，左侧较大的则为荷花池。月池北侧是西施潭，其后有一较高的平台，名为"琴台"，均是吴王离宫的遗迹。在通往山道的途中，可见一座衣钵塔，旁侧是西施洞。衣钵塔上的雕刻同样颇具观赏价值，但塔顶部分已完全损毁，因此其建造年代、缘由及建造者均无从得知。我推测其可能与寺庙大门的高僧有关，但在我访问期间未能在寺内找到确切答案。西施潭与西施洞想必与古代美女西施有所关联。我捐赠了香火钱后，住持赠予我一本图志，书中记载越王依范蠡之计，将西施献予吴王阖闾。由此可见，这座离宫曾是吴王享乐的奢华之地。虎丘，正是阖闾的埋葬之所。

归 途

在返回苏州城的途中，右手边的山峦之上，一座塔映入眼帘。据史料记载，楞伽寺的塔应建于隋朝，然而所见塔的风格似乎与隋代建筑不符。询问了周边居民关于这座寺庙的名称，遗憾的是，无人知晓。该寺庙已遭火焚，仅余一座塔。继续向南行进，在接近南门的地方，可见瑞光寺的塔楼。瑞光寺与开元寺依旧保存完好，我驱策驴子向这两座寺庙进发。然而，傍晚时分，天际突然电闪雷鸣，随之而来的是倾盆大雨，同行者中有人突感不适，因此不得不取消前往瑞光寺和开元寺的计划，转而向东边的车站方向行进。

苏州城内外所见

大正写真工艺所《华中之展望》

《华中之展望》，图册，1939年由大正写真工艺所出版发行。

这里选译其中关于苏州的内容。

苏州，与杭州同享山水秀丽之美誉，亦因出产苏州美人而享誉世界。

苏州，古时吴国之都城，文化底蕴深厚。这座城市给人以沉稳与柔和之感。

苏州的街道被古城墙环抱，城内外河流纵横，是充满诗意的水乡。运河贯穿其间，交通四通八达，堪称名副其实的水城。

正如古诗所赞颂，苏州令人怀旧。春季佳节，秋季红叶，乘坐画舫漫游运河，体验水乡之韵味，令人流连忘返。

苏州的街市由城内、阊门外以及租界三个区域构成。城墙内外皆有运河贯穿，六个城门与五个水门将城内外紧密相连。

苏州自古以来便是著名的工艺美术之都。其出产的精美绢子、绸缎、刺绣，以及品位极高的紫檀工艺制品如桌子、椅子、书橱等，还有高级的书画工具用品，均享有盛誉。

苏州给我留下深刻印象的，是其水乡的风情。在运河中乘坐画舫，缓缓向城外游览，怡然自得地在微风中划桨，感觉甚为美妙。此外，夜晚的水乡同样充满情趣，值得深入体验。风姿绰约的女子在河畔的妓院或擦肩而过的画舫中，犹抱琵琶半遮面，红色的灯光与优美的歌声令游客心醉神迷、春心荡漾。

西园，即戒幢律寺，近期新建工程已竣工。其后院的放生池周边设有李鸿章祠堂。若从左右两侧的石桥俯瞰放生池，可见池中众多乌龟悠游。每逢春暖花开之际，游人如织，络绎不绝。

北寺，位于苏州城北侧，原名"报恩寺"，始建于吴国时期。寺内九层宝塔被誉为"江南第一古塔"，塔高八十米，远在十多里外亦清晰可见。登临塔顶，可俯瞰周边平原，湖泊与河流交错纵横的美景尽收眼底。西眺太湖，东望常熟平原，江南的自然风光一览无余，堪称绝佳景致。

城东的双塔寺，自唐代以来，其造型独特的宝塔便见证了苏州千年的历史变迁。

寒山寺位于城市西部约五千米处，毗邻运河，是苏州游览中不可或缺的古迹。寺内珍藏着文徵明所作的"月落乌啼霜满天"之诗碑。在此地，缅怀古代诗人、重温怀古之情，实为一件颇具意义之事。

寒山寺区域内还包含留园，亦称"寒碧山庄"，乃明朝东园之遗存。园中古木参天，郁郁葱葱，池水碧绿，生机盎然，假山布局别致，亭台楼阁之景亦颇具观赏价值。

苏州，这座梦之国度、怀古之都，遍布着众多的名胜古迹。其中，

苏州城内外所见

双塔、北寺塔、戒幢律寺

寒山寺、留园、石湖等

火车站、虎丘塔、石路等

城郊的虎丘塔尤为引人注目,堪称地标性建筑。据史料记载,吴越时期,此地安葬着吴王阖闾,加之颜真卿所书"虎丘剑池"四字石碑,吸引了无数文人墨客前来瞻仰。虎丘景区占地面积广阔,内含山丘与池塘,弥漫着浓郁的怀古氛围。苏州站作为京沪线上的重要站点,与杭州站、上海站、南京站齐名。

苏杭杂观

泽村幸夫《江浙风物志》

泽村幸夫所著的《江浙风物志》，于1939年由东京东亚研究会出版发行。该书包含"太湖石""苏州丽人"以及"苏杭杂观"等章节。

这里选译该书第118页起的部分内容。

苏州丽人

在中国，苏州被誉为"美女云集之地"，这一美誉实至名归。苏州方言，即吴侬软语，听起来柔和而亲切。即便是清晨带着沾着露水的鲜花或蔬菜进城叫卖的乡村少女，也展现出独特的魅力。此外，

苏州留园太湖石

在北方人的心目中,苏州一直被视为理想之地,这种观念根深蒂固,如苏州女性的美貌、苏州作为西施故里的传说等。

苏州女子确实具有其独特之处。与早期的通商口岸上海、广东相比,苏州是一座历史悠久、充满古典韵味的城市。与那些受巴黎、伦敦乃至好莱坞影响，追求现代潮流的小姐们不同，苏州女子虽在时代发展上看似滞后，但就整个中国而言，她们的风情与气概实则走在时代的最前沿。自清朝起，苏州女子缠足者甚少，女学、女工蔚然成风，许多妇女与男子一样参与工作。令人惊叹的是，在邓尉山、天平山，那些步履矫健、穿梭于游客之间抬轿的，正是当地的乡妇。这些女子，无论是耕田锄地，还是进山砍柴，男子能做的工作她们同样能够胜任。即便是那些通常不能随意离家、抛头露面的所谓"闺秀"，城内的会到自家店铺帮忙打理账务、照料生意，城外的则会通过制作苏州特产刺绣来赚取收入。与那些多愁善感、柔弱如柳的美人和精通音乐、擅长以魅力吸引异性的女子相比，苏州女子显然大相径庭。当然，那些被养在深宅大院中的千金小姐，自然也未曾体验过生活的艰辛与劳作之苦，但这样的女子在百人中也难觅其一。一名中国友人曾向我提及，吴苏女子胆识过人、不羞涩，此言似乎不无道理，初来此地的日本游客或许也会有同样的感受。

　　对劳动的热爱，不仅体现在苏州女性身上，可以说，所有生活在江南地区、经济条件相对较差的女性都具有这一特质。沪宁铁路嘉兴站附近，有一处夏季旅游胜地——南湖。在田野之中，有一个小湖，湖周围没有山峦环绕，湖心矗立着一座名为"烟雨楼"的建筑。在垂柳的掩映下，有一座一两层楼高的小楼，游客们来到这里，或前往湖心小楼纳凉，或在小楼周围泛舟，均由被称为"船娘"的女性负责划船。所谓的船娘，无论年龄大小、外貌美丑，她们无一例外都是女性。尽管在江南水乡各地都能见到女性划船的情景，但在南湖，划船的全是女性。她们的着装并不追求时尚，但显得十分简洁、干净。她们的皮肤因长期日晒风吹而呈现巧克力色，手腕、肩膀和腿部都显得结实有力。每当听到"健康之美""女性运动"等说法时，我总会不由自主地联想到南湖的船娘。

　　由于南湖中鸳鸯众多，该湖亦被称为"鸳鸯湖"。湖面面积达一百二十顷，盛产唐代诗人所称颂的折腰菱，即美味的无角菱。

❖ 苏杭杂观 ❖

在自然景观的秀美程度上，苏州与杭州可谓难分轩轾。苏州的山峦不如杭州之高耸且繁多，苏州在河流与湖泊的富饶程度上却远胜于杭州。苏州太湖的面积是杭州西湖的百倍有余。除太湖外，苏州城东北的阳澄湖、城东的金鸡湖和独墅湖、城东南的尹山湖和镬底潭、城南的石湖，其面积皆为杭州西湖的数倍乃至数十倍。尽管如此，这些湖泊的知名度与游客数量却远逊于西湖。此现象之所以存在，乃因西湖与杭州市区紧密相连，且武林山位于湖外。苏州则不然，城西有上方山、天平山、灵岩山等山峦，太湖则被这些山峦所隔，位于城外。此外，苏州的其他河流湖泊大多距离城区数里甚至数十里之遥，无一与苏州城相邻。因此，游览苏州的游客大多数无法前往这些湖泊。杭州的山峦将城市与湖泊环绕于一隅，而苏州的山峦却将城市与湖泊分隔为两部分，这无疑是一种天然的景观障碍，非人力所能轻易改变。

杭州的街道宽度与北京、南京相仿，苏州的街道则与济南、武昌相似，较为狭窄。有人依城市规模将杭州比作大家闺秀，而苏州则因其小巧精致，更似小家碧玉。将两座城市拟人化为不同女性，确实生动形象。

苏州女性中，许多人习惯赤脚，劳作的女性多着草鞋。由于从事抬山轿、撑船的女性众多，从体力劳动的角度来看，苏州女性或许并不逊色于北方女性。然而，与北方女性相比，苏州女性的身材普遍较为矮小。在我看来，苏州女性的身材更为纤细，更显窈窕。

苏州方言以其婉转流畅而著称，对于那些偏爱此类音韵的人来说，它宛如鸟鸣燕语般悦耳。然而，苏州方言在听觉上往往显得较为女性化，因此它更适合于表达柔情蜜意，而不适宜用于正式的演讲或演说场合。基于此，白话文在撰写情书方面显得尤为合适，但在编写讲义或语录时则显得不太适宜。

江浙地区的茶馆相较于北方更为兴盛。从清晨至夜晚，茶馆总是客满为患。人们在这里品茗、享用点心，甚至用餐。此外，茶馆还提供打牌、下棋等娱乐活动，有的甚至设有理发室和澡堂。在一些生意兴隆的茶馆，还有以口技表演为特色的说书和校书唱曲。在国民政府推行"新生活运动"之前，苏州的有闲阶层每日必到茶馆消遣时光。与此相对，在事变之前的北京，茶馆的常客多为普通劳动者。由此可见，南方与北方的茶馆文化存在显著差异。

杭州的女性大多不缠足。在南京，中下阶层的女性同样多不缠足，且不穿袜子，多赤脚行走。古人曾有"临流濯素足""一身兼作仆，两足白于霜"的描述。然而，将杭州与南京相比较，杭州的赤脚女性数量相对较少。

太湖石

提及太湖石，相较于中国的传统称谓"假山石"，前者似乎更易于为日本人所理解。江南庭园的观赏者，无疑对太湖石有所了解。在每一座庭园中，假山石均占有一席之地，且不乏因假山石而著称的园林。

苏州的狮子林，乃元代杰出画家倪云林所设计并建造的著名园林。其假山石的巧妙堆砌，即便不能称之为全国之最，亦可称得上是江南地区的翘楚。尽管现今的狮子林已不复往日的风韵，但那些高耸的柱状太湖石，以及石缝间枝干斜逸而出的古柏，即便在众多中国园林中亦属罕见。然而，黄山、嵩山等自然景观中亦有类似的奇观。即便是苏州本地的怡园，亦有石洞这样的夏日避暑胜地，以及石径相连。此外，水边仿造小船而建的亭子，被称作"旱船"。亭旁，矗立着价值连城的太湖石。曾名为"刘园"、现称"留园"的盛宣怀私邸，亦拥有壮观的假山石。在此，仅举三例，无论日本人或外国人是否欣赏，既然以山石模拟真山乃中国园林建造之传统追求，那么使用水泥拼接而成的太湖石仿制品，以及石灯笼和以八角金盘叶装饰的暴发户茶室，亦应被接受。

太湖石，作为构筑假山与假岩的主要材料，其形成过程正如其名所示，源于太湖周边地区。这些岩石历经湖水长年累月的冲刷，其中的松散成分被逐渐侵蚀，仅留下坚硬的部分，从而自然形成了众多孔洞。在历史文献中，对北京北海琼岛上的太湖石有着明确的记载，相传这些石头原属于北宋首都汴京艮岳御园，后被金人迁移至此。此外，明代万历年间，太仓王氏家族的庐园中也有一块高逾一丈的太湖石，其上刻有"停云"二字，底部平坦，可容纳两三人的坐席，其旁形似茶几，可供摆放茶具。这些石头绝非由水泥粗糙仿制的假石。在宋代以前，被珍藏的名石不仅限于形态奇特者，更多的是那些经过湖水长期冲刷、表面变得光洁柔滑的石头。这些石头的形状往往酷似狮子、老虎，或是老人、仙女等形象。如今，在太湖之滨，这类石头已极为罕见。据传，若发现一块完整的太湖石，其价值可能高达数千金。即便是碎块或残片，只要是出自太湖，加上运输费用，每吨价格亦要十几元。

除了著名的太湖石外，市场上亦存在以昆山石、宜兴石、龙兴石等为代表的仿制品，这些均产自江南地区。

堆砌假山石的工作，即便是缺乏专业知识的园艺工作者亦可胜任。然而，负责审视假山石品质与外观的相工，则要具备非凡的鉴赏力。相工须考量石形、石势、石纹、石理等诸多因素，以决定假山的布局。此外，相工还须决定哪些石头适合作为盆栽台，哪些石头可作为木变石，哪些石头适宜制作石床，以及哪些石头适合用作石桌，等等。

初次邂逅苏州

石井柏亭《行旅》

石井柏亭所著的《行旅》，于1943年由启德社正式出版。

书中写到了作者1919年访苏的见闻。这里选译该书第49页起的部分内容。

《行旅》封面

这是我首次踏足苏州。

自幼我们便通过"姑苏城外寒山寺"的诗句知晓苏州。尽管此地并不适合剑舞，但过去常将此诗作为剑舞时的吟诵。我曾就读的私立中学的T老师，精通英语和汉学，同时负责地理教学。他一边指着地图，一边告诉我们："这里便是苏州，'姑苏城外寒山寺'指的就是这个地方。"

我于十月十四日清晨九时乘坐开往南

京的列车前往苏州，且乘坐的是快速车。二等车厢内挤满了普通旅客。北停车场与以往不同，现在在相反方向建有小型的篷屋，据说是为了重新安装车轮以适应铁轨。

经过南翔、昆山，于十一时抵达苏州。

在卸货场，排列着被竹席遮盖的粮秣仓。接着，穿过城北的护城河，从平门进入苏州城。

左转经过元妙观前最繁华的街道，右转越过狭窄的运河，可见零星的人家。

…………

在安顿好行李之后，我前往了阊门外的留园。尽管留园略显荒凉，却依旧散发着雅致的韵味。相较于北京地区的宅院，江南地区的宅院色彩并不鲜艳，装饰也显得较为简约，给人一种朴素的美感。从留园的门口出发，沿着道路向西北方向行进约三里，便抵达了虎丘。

我参观了著名的寒山寺，并目睹了枫桥。枫桥上搭建了棚架，似乎无法通行。在寒山寺的下方，许多人正忙于制作拓本。

在返回城内的途中，我驻足观赏了孔庙与沧浪亭。

我有幸获得许可，得以参观江苏省政府的庭园。秘书章氏亲自为我担任向导。据闻，该庭园目前正处于修缮阶段。尽管部分区域风景宜人，但终因时间紧迫未能尽兴。在客厅中，悬挂着一幅山水画，章氏向我讲述了陆廉夫以及娄东画派的诸多往事。

当晚，工作人员在元妙观附近款待我享用中餐。或许是因为饥饿，仅饮少量老酒便感到微醺。

翌日清晨，我从住所眺望报恩寺塔，并以此为题材绘制了一幅画作。住所前是一片空地，前方横跨河流的小桥映入眼帘，杨树林上方亦可远眺九重塔。在风的吹拂下，阴郁的天空不断有乌云掠过。

在玄妙观前的松鹤楼，一家中国料理店，我独自享用了午餐，鸡丝炒面的美味令人难忘，其风味显然胜过在中国北方品尝过的同类菜肴。

狮子林作为苏州园林中维护最为周到且费心费力的一座园林，园内拥有庞大的假山群，以及仿造万寿山石舫的精致假山。池塘中莲花盛开。园中的主石——狮子石，正是"狮子林"得名之由，此外还有诸如唐僧取经、和尚过江等命名的奇石。

第三日恰逢星期天，在居所庭园中漫步，发现此地布局亦仿效莲池、假山、亭台之传统，从中可领略到中国人的雅趣。

汽车驶抵城西吴门桥一带，护城河畔的风带着几分凄凉。继续向南行进，抵达名为"横塘"的地方。在亭子桥（一座其上建有亭台的石桥）附近的草地上享用便当，并品尝了少许冷酒。我于彼处架起画板，意欲勾勒出那座孤独耸立于水乡平原之上的石桥景致。金黄色的稻田中点缀着帆影，这般江南水乡的风光与日本潮来地区颇为相似，然而其规模更为宏大。孩童们聚集一处，半是嬉戏半是认真地追逐玩耍。

位于城外东南方向，湖水与大运河的交汇处，矗立着著名的宝带桥。由于附近平行排列着其他桥梁，宝带桥便难以成为绘画的焦点。

……

回到上海的第四天清晨，我在平门外架起画具，开始描绘运河沿岸的建筑群。天空湛蓝且风平浪静，人们将数百只家鸭从笼中放出，让它们在水中自由游弋。

一位偶然路过的外籍女士对我的画作赞不绝口，称其"很好"。

苏州随笔

小林橘川《中国随笔》

小林橘川所著的《中国随笔》，于1943年由教育思潮研究会出版发行。

这里选译该书第134页起"水乡苏州"的部分内容。

某日，我们搭乘燃油驱动的车辆，从上海出发前往太湖东北部的苏州。每日往返于上海、苏州至嘉兴之间的燃油车辆共有三个班次，而从上海至苏州的旅程仅需一小时四十分钟，实为一日之内进行户外活动的理想选择。我们一行人，包括宇崎、堀场、小岛等上海分局的同事，共同享受了在苏州野餐的愉悦时光。

心怀更多向往，我本想顺道前往苏州附近的吴江，那里能尽情领略太湖的美景；亦想乘汽油车沿湖而行，前往嘉兴一探究竟。然而，对于从上海出发的当日游而言，这样的行程显得过于遥远。即便途中安排住宿一晚，游览苏州以外的地区也显得不那么方便。

在华居住一段时间后，我们开始深切地向往水的独特之美，这种渴望逐渐演变成一种难以抑制的冲动。因此，我们前往苏州，目睹太湖那清澈湛蓝的湖水，我们皆感到无比欣喜。

苏州地处大运河与苏州河的交汇处，曾是吴国的都城，故又有"吴郡"之称。该城市人口大约三十五万，亦是盛产中国美女的著名之地。毋须赘言，贯穿上海中心的苏州河正是发源于此。

在宁静而缓慢流淌的河水中，古老的水都苏州被环抱。那些建于狭窄道路上的拱桥，据称苏州拥有三千六百座。尽管这一数字可能有所夸大，但不可否认的是，这里水路众多、桥梁密布。追溯至两千年前的春秋时代，这里曾是吴国的都城。而往南至杭州附近，以酒闻名的绍兴则是越国的都城。两国间时而发生争霸，时而"吴越同舟"，通过水路频繁交流的往昔，令人怀日。

然而，作为古都的苏州早已荒废。唐朝时期，李白游历此地时，所见已是满目疮痍的旧苑、荒台，唯有杨柳在新春时节吐露嫩芽，农夫在小河中边唱边采摘菱角。李太白在苏州的怀古之旅中流露出的哀伤之情，以优美的诗篇记录下来，这些诗作至今仍保存于《唐诗选》之中。

黑瓦屋顶与遭受风雨侵蚀的白色墙壁错落有致，狭窄的水道贯穿其间，河面上布满了密密麻麻的货船。沿着街道向西南方向行进，乘坐由驴拉动的旧式马车出城，便能抵达寒山寺。

寒山寺，位于姑苏城郊，相较于中国本土，此地在日本享有更高的知名度。缘由在于一首描绘"月落乌啼"景象的古诗在日本广为流传，深受人们喜爱。

寺内庭院中槐树上聚集的乌鸦群，它们突然间振翅高飞四散而去的景象，却是寒山寺独有的奇观，别处鲜见。

南京地区有一种乌鸦，其黑色的翅膀上点缀着白斑，当它们展翅高飞时，宛如撑开了一把蛇眼伞，颇为壮观。乌鸦为纯黑色，无特殊之处。但它们的显著特点是群居生活，且不离庭园，形成了独特的生态景观。

寒山寺受日本游客欢迎的渊源与在日本广为人知的张继诗句息息相关，然而该寺最初并非位于现今之地。在距离此地约一里的府城西侧，存在一个名为"枫桥镇"的驿站，那里亦有一座寒山寺。由于位于枫桥镇，该寺亦被称作"枫桥寺"。由于枫桥镇乃一无甚景致的乡村驿站，不值得特意前往。那座寒山寺依旧保持原貌，而此处则兴建了新的寒山寺。寺前有河流，河上架有一座宏伟的拱桥，即今日所称的"枫桥"。若在此桥下乘坐渔船，于夜半时分聆听寒山寺的钟声，"月落乌啼"的景象仿佛就浮现在眼前。所谓名胜古迹，往往难以辨识何为原真、何为赝品、何为仿造。若深入考证，原真与仿造皆可能化为虚无。寒山寺亦是如此，可被视为不可靠传闻的典型例证。原本源自张继《枫桥夜泊》诗中的诗人之梦，经过文学性的趣味解读，寒山寺、钟楼、枫桥以及乌鸦的聚集地均得以诞生，在此基础上，作为纪念品的拓本亦获得了其价值。

无论如何，我穿越了乌鸦聚集的寺庙庭院，登上了钟楼并拉动了绳索。洪亮的钟声打破了白日的宁静，穿越高墙后回荡，最终消散在远方的田野中，这确实是一幅充满诗意的画面。虽然这座寺庙并非真正的寒山寺，但钟声的音质确实美妙动听。枯叶在满是落叶的庭院中沙沙作响，后院的田地里种植的白菜生长得十分茂盛。

寒山寺的古钟，曾被唐朝诗人张继在其《枫桥夜泊》诗中咏叹，其悠扬的音色想必给人留下了深刻的印象。后世诗人如陆游等亦在他们的诗篇中对这口古钟进行了颂扬。夜半时分，那洪亮的钟声穿越原野，跨过溪流，无疑会激发人们的诗意。然而，这口古钟的下落变得扑朔迷离，至今仍是一个谜。

…………

自上海至苏州，沿途所见多为辽阔平原，既无崇山峻岭，亦无丘陵起伏。唯昆山驿外有状似土丘之小山。上海周边尽是平原，不见山峦，然而一旦踏入苏州境内，平原之景逐渐消逝，山形渐显。层峦叠嶂之山峰，打破了平原之单调，江南之景致在山水交替之中，更显得壮阔而雄伟。

我驱车行于苏州郊外之平坦大道，抵达一处突兀之丘陵脚下。丘陵之上，矗立着一座十三层之石塔，即赫赫有名的虎丘寺。

位于虎丘山脚下的街道狭窄而古朴，那里有一家茶馆，其昏暗的室内布满了桌椅。几位闲适的顾客正悠然地品茗，同时凝视着过往的行人，我也不禁心生向往。我深感，那种微小而宁静的幸福，与他们的生活方式如出一辙。在我看来，中国人的幸福似乎在于日复一日的闲适，终日倚靠在椅背上，悠然自得地谈论着日常琐事。相较于积极的活动，他们似乎更能在静谧的休息中寻得幸福的真谛。在无为、寂静、淡泊等幸福中，他们找寻到了生命的意义。

当我仰望虎丘之巅的古塔时，深刻地体会到中国这个国家悠久而复杂的历史。此地流传着诸多与秦始皇相关的奇异传说，然而我对此并无丝毫兴趣。

在庭园中，一块被称为"千人石"的巨石横卧，而悬崖之下则有刻有"剑池"二字的巨大岩石。

漫步苏州

九条武子《无忧华》

九条武子所著的《无忧华》，于 1946 年由实业之日本社出版发行。武子女士不仅是一位才华横溢的和歌诗人，亦是昭明皇后的弟媳，同时还积极参与社会活动，是一位集才情与美貌于一身的古典美女。

这里选译该书第 169 页起的部分内容。

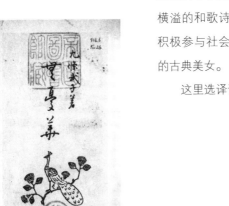

《无忧华》封面

寂静的夜在寂静的船中迎来黎明。放眼所见，云低而急，唯有两岸的菜花令人醒目。

细雨降临，为了看著名的宝带桥，众人上岸。

正午不到，至海关，那里有戴生昌的船只。

午后，雨点渐密，不时拍打在船窗上。四时左右，出城访寒山寺。

眺望拱桥对岸，水和柳树都浸润在雨中，仿佛划船驶入了被春天气息所朦胧的镜子的中央。

为了参观苏州城外的名园，首先在西园附近上岸。

园中戒幢律寺有五百罗汉，都是新建的。

在细雨纷飞、伞影交错的街道上，我们继续前往留园。留园的规模较西园更为宏大，它曾是盛宣怀的私人园林，现已对外开放。园中仅有三人值守，显得颇为寂寥，而游客亦仅我们一行。首先映入眼帘的是枝干雪白的松树。回廊上紫藤的生长似乎未能跟上春天的步伐，然而几只小鸟的鸣叫声为这春日的园林增添了几分生机。在这春雨绵绵的园林中迎接黄昏，仿佛能够感受到古代馆娃宫女身着单衣的春日哀愁。

返程途中，在领事馆享用晚餐，今晚的菜肴多达数十种。在雨夜的昏暗道路上，借助灯笼的微光，我踏上了归途的船只。

第二天，在船只往来间，桨声伴随着朝阳透过船窗洒入，对岸杨柳的树荫下，隐约可见洗衣的少女。

我们于八时启程，旅途中转乘画舫。运河两岸，众多外国人坐在茶馆中，一边品茶，一边似乎悠闲地观望着过往的船只。清晨时分，竟有如此多的人无须劳作，这让我感到颇为惊讶。尽管步行至灵岩山并不困难，但考虑到老人的体力，我还是安排了轿子代步。

现今，那条曾经繁华的古道已变得荒凉，杂草遍布，而白色的蝴蝶在杨柳的树荫下翩翩起舞。

站在山顶的宫殿废墟之上，追忆往昔。馆娃宫旁的千年古寺，春意盎然之际更添几分忧愁。寺院左侧的水池，水质并不清澈，无法映照出天空中飞鸟的倒影。

此地有一巨石，传说为西施弹奏古琴之处。可叹其芳魂已归于天际，而春日的忧愁旋律仿佛依旧沉睡在这片土地。草丛间，紫色的花朵正盛放着。

后　记

　　我在文物领域工作了二十三年，从小受家学影响，工作后又接触到了一批历史文化的热爱者和守护者，通过他们的视野和信息加深了对苏州的了解。徐欣晔老师便是其中一员，他就职于苏州名城保护集团，名门之后，年轻有为。徐老师的外公是苏州大学原副校长周孝谦，清华大学物理系毕业，庚款留美学生。受家族影响，徐老师痴迷于收集近现代外国人笔下的有关苏州的各类文字材料。在国外留学时，遍访各高校图书馆；平时于网上收集资料，主要涵盖出版物、日记、书信和年报等形式。

　　本书基于徐欣晔老师的多年收集，选取部分内容编译而成，希望能透过当时当刻外国人的视角来旁观故乡苏州，相信每位阅者会有不同的体悟。

　　成书之际我得到了各方的支持，包括我的家人、同事、朋友。感谢苏州大学出版社倪浩文老师的编审和各项建议；感谢江苏丰典律师事务所程冰女士、江苏经贸职业技术学院张思凡老师；迟立祥先生、刘知行先生、董炳辰先生等亦为此书做出了贡献，在此一并致谢！

限于认知水平，本书疏误之处在所难免，希望读者和学界同好不吝指正，谨此致谢！